いつも目標達成している人の
勉強術

福田 稔

はじめに

あなたが試験に挑戦しようと思いたったとき、一番最初にすることは何ですか？

①スクールを選ぶ
②合格体験記を読む
③テキストを探す

どれも正しいことのように思えます。しかし、残念ながらすべて違います。私なら最初に試験日を調べます。試験日がわかれば、その時点で本番の試験までの**「期限」**が決まるからです。「なんだ、そんなことか」と思ったかもしれません。でも実は、自分が受ける資格の試験日がいつなのかすら、知らずにいる人は多いのです。

ダイエットをするのに、いつか五キロやせたいと思っている人と、今年中に五キロやせたいと思っている人とでは、どっちが目標を達成するでしょうか？　答えは明らかです。

さて、試験日（期限）が決まったら、次にすることは合格ライン（六〇点とか七〇点とか、あるいは成績上位の一割に入るなど）の確認です。これが**「目標」**になります。

そして、試験日（期限）から逆算し、残された時間をもとに、今からやるべきことを決めます。これが**「計画」**です。

「期限の設定」「目標の確認」「計画」。これらは、目標達成のための正しい手順で、試験に合格するためのキモになります。

試験でいい点を取りたいとか、資格試験に合格したいと思っていてもなかなかうまくいかない人は、この目標達成のための手順を間違えているのです。自分が受けようとしている試験日さえ知らない人が多いのですから、それもうなずけるのではないでしょうか？

「期限」と「目標」を確認し「計画」を立てるのが「正しい努力」

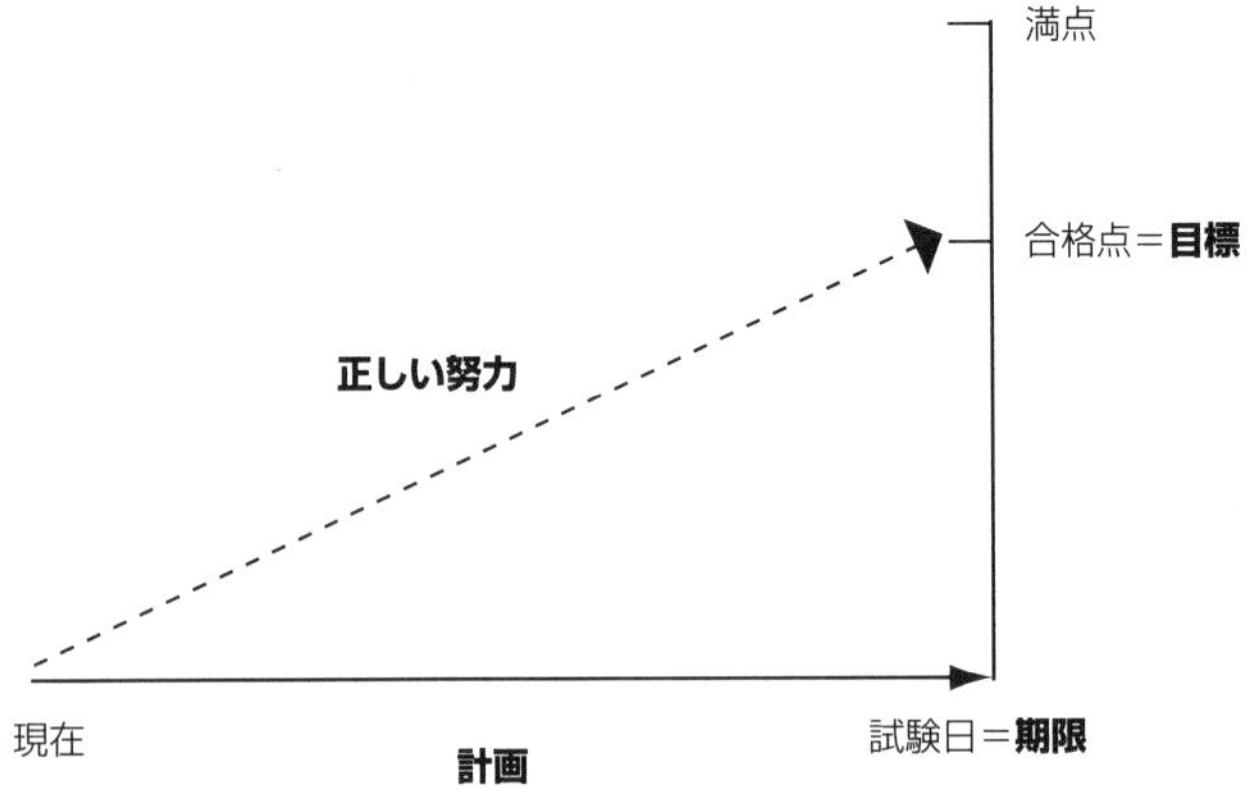

さて、合格までの手順がわかったら、次はどうしますか？「努力すること」「頑張ること」だと思いますか？

それは半分正解で、半分は不正解です。

正解は、「努力すること」ではなく、「正しい努力をすること」です。

「正しい努力」と言うと、なんとなく難しそうに感じるかもしれませんが、ご安心ください。本書では目標を達成するための正しい努力のコツを、誰にでもわかるようにお伝えします。正しい努力を実践すれば確実に力がつきます。

私は簿記三級に合格した後、勤めていた会社を辞め、会計専門学校に就職しました。そこで簿記を教えるようになったのですが、予想外の現実を目の当たりにしたのです。

専門学校では、学生に資格を取るための知識を教えるだけでいいと思っていたのですが、現実はそうではありませんでした。やる気のない学生が多くいたからです。そこで、まずは学生にやる気になってもらうために、私は学生たちの前でこう宣言したのです。

「今年、私は宅建（宅地建物取引主任者）に挑戦する。私が受けるということは、受かるということだ。」

まだ勉強もはじめていないのに、何の根拠もないまま合格宣言までしてしまったのです。

当時、その専門学校は開校したばかりで、連日、夜九時過ぎまで仕事という日々が続きました。そんな中、仕事の合間を見つけては勉強です。

プレッシャーの中、それでも無事に合格することができました。それ以来、宣言しては資格に挑戦を繰り返してきました。こうして徐々に、でも着実に私の中に合格できる勉強術のノウハウが蓄積されていきました。

そして、宅建、行政書士、社労士（社会保険労務士）、ファイナンシャルプランナー、中小企業診断士といずれも一発合格をはたしたのです。

本書ではその勉強術のエッセンスを余すところなく公開します。


第一章では、試験に受かる人、落ちる人の違いを私の経験から得た「合格公式」で説明しています。

第二章では、仕事と勉強を両立するための勉強時間確保の方法について説明しています。

読みながらあなた自身の生活を振り返ってください。勉強時間を確保するヒントがきっと見つかるはずです。

第三章、第四章は本書の中心的な部分です。テキストの読み方、暗記法、学習計画の立て方など、目標を達成するための正しい勉強術を具体的に紹介しています。もはや定説になっている勉強術にも私なりの工夫を凝らし、より実践的な手法にまとめています。

第五章は、やる気を維持し、挫折を防ぐメンタル面のノウハウを、第六章では、悔いを残さない試験直前期の過ごし方、そして第七章には、これから勉強をはじめる人に向けて、「合格率」と「合格点」に関するよくある誤解について説明しています。この誤解を解くことが、あなたが第一歩を踏みだす力になります。また、付録では、勉強術のヒントとなるエピソードなども紹介しています。勉強に疲れたとき、気軽に読んで気分転換してください。

現在、私はビジネス系の専門学校に勤めていますが、社会にでる前の学生たちにいつもこう言っています。**「学校を卒業してからが本当の勉強だ」**と。

学歴はあくまで過去の一時期の学力を証明したにすぎません。社会にでてから「できる人」になるのか、「できない人」で終わるのかは、その後の勉強にかかっていると言ってもいいでしょう。

そして、勉強した証が「資格」というカタチになったらどんなにうれしいでしょうか。有名大学を卒業したところで、それを名刺に書くわけにはいきません。でも、資格なら堂々と名刺に書けますし、社会的評価も高まります。

そんな喜びを一人でも多くの方に味わっていただきたいと願ってやみません。

福田　稔

いつも目標達成している人の勉強術　もくじ

第7章 これから受験する人へ

付録　笑いながら身につく勉強術——195

おわりに

第1章

試験を受ける前の心構え

Part 1

試験に受かる人と落ちる人はココが違う

合格力は「勉強時間」「やり方」「やる気」

試験には当然のことながら、受かる人もいれば落ちる人もいます。

受かる人と落ちる人、その明暗を分けるポイントは何だと思いますか？

頭のいい人は受かり、頭の悪い人は落ちると思いますか？　あるいは、勉強時間を確保できる人が受かり、忙しくて勉強する時間がない人が落ちると思いますか？

残念ながら、どちらも違います。

ズバリ言いましょう。「勉強のやり方」が明暗を分けるのです。試験では、頭がいいとか悪いということは問題じゃありません。忙しくて時間がないから落ちるのでもありません。勉強時間の量などは、人によってそれほど差はないのです。差があるのは、「時間の量」よりも、「時間の使い方」です。

次の式をご覧ください。

合格力 ＝ 勉強時間 × やり方 × やる気

これは、私が数々の受験体験で得た、資格試験合格の公式です。

合格力は「勉強時間」「やり方」「やる気」の三つで決まりますが、この中で**最も重要なのは「やり方」**です。

「やり方」次第で、限られた「勉強時間」を有効に使うことができます。逆に「やり方」がまずいと、いくら「時間」をかけても効果はありません。

また「やり方」がいいと効果が現れ、「やる気」も増します。逆に「やり方」が悪いと、効果が現れず、「やる気」も下がります。

だから、勉強の「やり方」が合否を決めるのです。このことさえ知っていれば、「自分は頭が悪いから」とか「忙しくて勉強時間が確保できないから」などと悩む必要はありません。

教材にこだわり、どこの教材がいいだのと話題にする受験オタクがたまにいますが、教材は合格にまったく関係ないとは言わないまでも、合否を左右するような決定的な要素ではないのです。実際に見比べてみればわかりますが、どの教材も内容に大差はありません。

資格スクールでは、それぞれ独自の教材を使用していますが、やはり内容は似ていますし、どんなスクールだろうと合格者は必ずいます。このことを見ただけでも、教材が合否を決する決定的な要素ではないことがおわかりいただけるのではないでしょうか？　教材にこだわるくらいなら、勉強のやり方にこそこだわるべきです。

正しい勉強法は合格への最短距離

資格試験の受験を決意しても、一年で合格するのは到底無理、と思っている人は大勢います。

何人も不合格になっているし、何度も受験を経験した人もいる。とても一年間の勉強では歯が立たないだろう、というわけです。その気持ちはわかります。

しかし、いわゆる**ベテラン受験者は試験に「受かっていない」という事実を忘れてはいけません。**要するに、合格ラインに到達しないまま受験しているのです。

だから、受験回数が多いからといって、いたずらにおびえる必要はありません。

もう一度、資格試験の合格の公式を見てみましょう。

合格力　＝　勉強時間　×　やり方　×　やる気

この公式のポイントは、掛け算になっていることです。三つのうち、どれか一つでも欠ければ合格できません。「勉強時間」がゼロだったら合格できませんし、「やり方」がまったくなっていなくても、やはり合格できません。「やる気」がなくなったら、そもそも受験しませんね。

どんな資格にも、「合格するためには●●時間の学習が必要」といった「平均的学習時間」があります。ということは、とんでもなく間違ったやり方でないかぎり、また、やる気を維持しているかぎり、勉強し続ければいつかは必ず合格できるということです。

でも、多くの人は、仕事をしながら勉強しているので、無制限に時

ベテラン受験者に負ける要素はない

合格公式	ストレート合格者	ベテラン受験者
時間	×	○
やり方	○	×
やる気	○	？

間をかける余裕がありませんし、やる気を維持する方法も知りません。さらに、効果的な勉強の「やり方」を知らないまま学習しています。こうした人が何人いても、あなたのライバルにはなりません。

レシピをご存じですね。素人でもいきなりおいしく料理を作れる方法をまとめたものです。レシピは、料理の達人たちのノウハウを結集した「やり方」です。

実は、勉強にも「レシピ」があります。こうすれば得点力がアップし、試験に合格できるという正しい勉強法です。本書では、それを順を追って説明していきます。

「はしごをかけ違えていれば、一段ずつ昇るごとに間違った場所に早く辿り着くだけである。」

(『七つの習慣』　キングベアー出版　スティーブン・R・コヴィー著　ジェームス・スキナー　川西茂訳　一二五ページより引用)

ということは、逆に、**正しくはしごをかければ、一段ずつ昇るごとに正しい場所（合格）に早くたどり着く**ということです。

人には個性というものはありますが、勉強法には個性はありません。自分に合った勉強法をやればいいという人もいますが、個性的な勉強法が確実に成果に結びつく保証はありません。それよりも、誰にでも合って成果がでるという、検証済みのノウハウを実践したほうがよほどいいのです。

すべての受験者を襲う五つの心理

合格した人も落ちた人も、実は、受験勉強中に似たような心理に陥っています。その心理とは次の五つです。

①低い合格率を見て、自分も合格できるだろうかという「不安」、この勉強法で大丈夫なんだろうかという「不安」
②せっかく覚えたのに忘れてしまったという「失望」
③忙しくて勉強する時間がないという「焦り」
④一生懸命やっているのに得点が伸びないという「挫折」
⑤長丁場の受験勉強の中で感じる疲労と「飽き」

こうした心理状態で勉強を続けるのはつらいものです。この状態を放置しておくと、やがてやる気にも影響し、最悪の場合には、「もうやーめた」となります。

落ちるかも、という「不安」は、自分の勉強法は間違っていない、この勉強法を続けていればやがて合格できるんだという確信が持てれば解消します。

せっかく覚えたのに思い出せないという「失望感」は、記憶定着の法則を知れば吹き飛びます。忙しい、時間がないという「焦り」は、ゆとりを持つための方法を知れば解消します。受験勉強中に味わう「挫折」や「飽き」も、きちんとした対策を講じれば乗り越えられます。

誰もが陥る5つの心理

5つの心理を克服するのが正しい勉強法

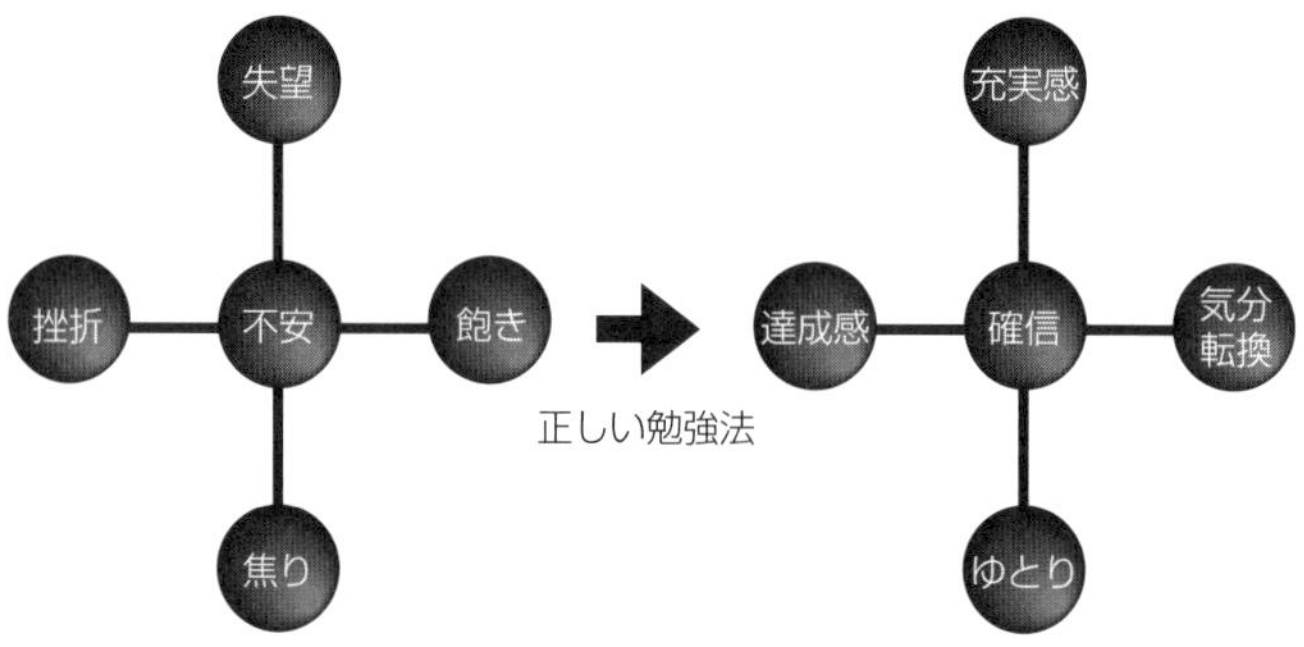

Part 2 ストレート合格にこだわる

ストレート合格にこだわるべき三つの理由

働きながら受験する人にとっては、次の三つが気になるはずです。

①お金はどれくらいかかるだろうか
②勉強時間が確保できるだろうか
③モチベーションを維持できるだろうか

この三点が気になるようでしたら、迷わずストレート合格を目指すべきです。
私は日商簿記三級を皮切りに、挑戦する資格はすべてストレート合格にこだわってきましたが、その理由は三つあります。

一つ目は経済的な理由です。いろいろな本には、「勉強するには身銭を切れ、身銭を切らないと身につかない」と書かれています。

たしかにそのとおりだと思いますが、いくら身銭を切れと言われても、普通のサラリーマンはそんなにお金をかけられません。

仮にどこかのスクールに通学するとしたら、その受講料もバカになりません。

一度不合格になっても、再受講料という割引価格で継続受講できるスクールもありますが、費用がかさむことにはかわりありません。さらに、法律系の資格試験の場合には法改正があると古いテキストが使えなくなるという問題もあります。こうした経済的事情を考慮するならば、やはりストレート合格を目指すべきです。


二つ目は時間の問題です。多くの国家試験は年に一度しか実施されません。万一、不合格になったら、もう一年待たないと受験できないのです。

待たされる「一年」という時間はとても長いです。

とくに資格取得が昇進・昇給に直接かかわるのであれば、なおさらです。こうした時間のロスを避けるためにも、やはりストレート合格を目指すべきです。

そして、三つ目はモチベーションの問題です。これは時間的ロスと関係してきますが、二年、あるいはそれ以上に及ぶ受験勉強を継続するには、相当のモチベーションが必要です。

ベテラン受験経験者がなかなか合格できないのは、勉強時間は十分でも、「やる気」を維持するのが難しいからです。受験経験者の多くは惰性で毎年受験していますが、これでは思ったような成果は期待できません。だから、モチベーションの維持に不安を感じるのであれば、迷わずストレート合格を目指すべきです。

「締め切り効果」という言葉を聞いたことがあるでしょうか。人は期限を決めることによってやる気になる、という意味です。このことからも試験の合格を目指すなら、期限付きの目標に向かって、正しい勉強法でストレート合格を目指すべきなのです。

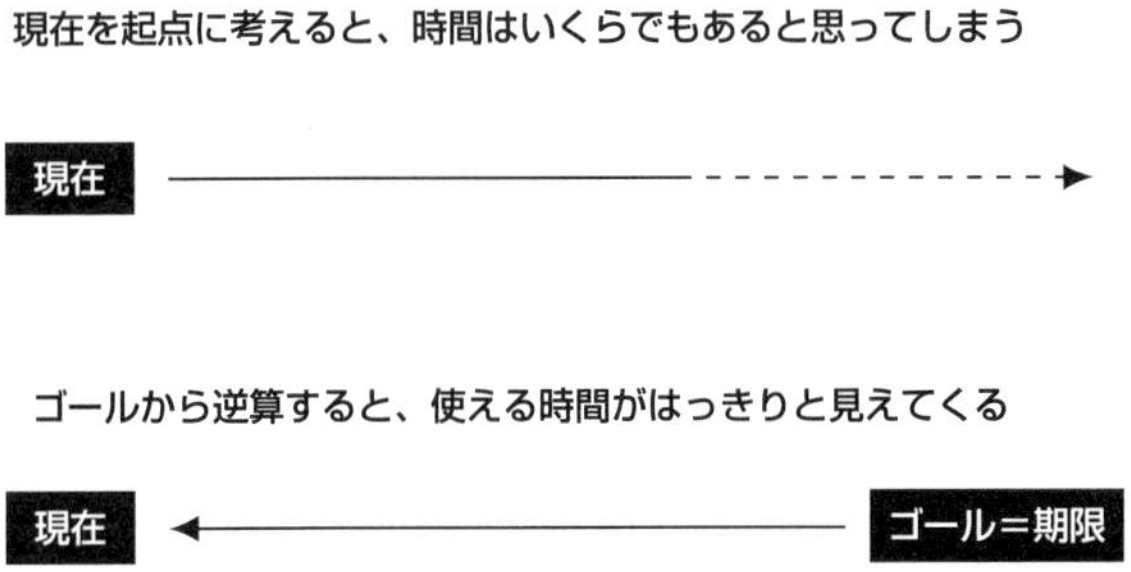
現在を起点に考えると、時間はいくらでもあると思ってしまう
現在
ゴールから逆算すると、使える時間がはっきりと見えてくる
現在
ゴール＝期限

挑戦すると決めたら絶対に守るべきものとは

資格試験に合格したいのなら、まずは、「絶対に合格するぞ」と心に決めることです。今年絶対に受かるぞ、という期限付きの決意を固めるのです。

一年じゃ無理だと最初から決めている人は、本当に合格できません。絶対に受かると決意することが、スタートラインに立つことになるのです。

小さい頃、自転車に乗れるようになるまでの過程を思い出してください。

まずは、自転車に乗れるようになりたい、そういう気持ちから自転車に挑戦したのではありませんか？「乗れなくてもいいや」と思って練習したわけではありませんね。資格試験も同じです。**合格するという「思い」が先で、「やり方」は後から**です。

宝クジだって、「はずれたらどうしよう」と思って買う人はいませんね。「当たったら、大型テレビを買おう」などと、当たったときのことを考えるはずです。それと同じように、「落ちたらどうしよう」ではなく、**「試験に受かったら、次はどうしよう」と、合格した後のことをイメージしてください。**

そして、ひとたび決意したら、あとは行動です。善は急げ、できるだけ早く勉強をスタートすることです。来月は試験のちょうど一年前だからなどと言わず、今すぐにはじめるのです。**長く勉強するより、早くはじめること、これも短期合格の秘訣**なのです。

そしてあとは、ほんの少し覚悟することです。

それは、やりたいことを少しガマンする覚悟です。晩酌、テレビ、飲み会など、誘惑は多いでしょうが、**期限付きのガマン**です。グッとこらえましょう。あと少しガマンしていたら受かったかも、と思うくらい悔しいことはないのですから。そんな思いをするくらいなら、多少のガマンなど軽いものです。

最後に、もう一つ、大切なことがあります。

それは、**勉強をまったくしない日を絶対に作らない**ことです。毎日、たとえ少なくても勉強し続けることです（その方法については第四章で詳しく説明します）。

第2章

勉強時間はこうすれば確保できる

Part 1

勉強する時間をどう作るか？

勉強するとは、その前後で何かが変わること

子どもはよく満足顔で、こんなことを言います。

「今日は二時間勉強した。」

普段一時間しか勉強しない子どもが二時間勉強すれば、「今日は頑張ったぞ」という気分になり、このように言うのです。

ところが、「じゃあ、どんな勉強をしたの？」と聞くと、こんな答えが返ってきます。

「プリントの切り貼りをした後に、ノートの転記、清書をしながら●●の勉強をした。」

プリントの切り貼り、ノートの転記、清書。これらは勉強ではなく、単なる作業です。勉強を「時間」で測ると、こうした作業も勉強のうちに入ってしまいます。きびしい言い方をすれば、「作業に時間を費やして、いかにも勉強した気になっている」と言えます。

このことは子どもにかぎったことではありません。大人でも勉強を時間で測りがちです。あなたにも身に覚えがあるのではありませんか？

勉強とは、わからなかったことがわかるようになった、できなかった問題ができるようになった、覚えていなかった公式を記憶したなど、その前と後で何かが変わることです。

それは「時間」で測るものじゃなく、「変化」で測るものなのです。

大切なのは、**「時間」よりも「変化」、「時間」よりも「効果」**です。

たとえば、できる問題ばかり繰り返しやったところで、勉強したことにはなりません。なぜならば、「できる」という状態は、勉強の前と後で変わっていないからです。

これでは、いくら時間をかけて勉強した気にはなっても、効果はありません。

仕事をしながら合格するためには、こうしたムダな勉強時間をなくすことがポイントです。

一日二四時間は誰にも平等に与えられたもので、他人と差がつくことはありません。**差がつくのは、その中でどれだけ「変化」を起こしたか**です。別の言い方をすると、勉強にあてる時間をどう活かすか、ということなのです。

とは言え、まずは勉強にあてる時間を確保しなくてはなりません。

そこで、一日二四時間を三つに分けてみましょう。すると、次のようになります。

・睡眠、食事、休息などの「生活時間」
・会社で働く「仕事時間」
・目標達成のための「勉強時間」

こうして見ると、「生活」や「仕事」に長い時間を使わなくてはならない人は、「勉強時間」を確保できないように思えます。しかし、たとえ「勉強時間」が十分に確保できなくても、「生活」や「仕事」に工夫することで、勉強することができるようになります。要するに、**「生活時間」や「仕事時間」の一部を「勉強時間」に変える、**ということです。

あなたに勉強時間をもたらす五つの方法

「忙しいから時間がない」という人でも、必ず取る時間があります。

それは、睡眠、食事、トイレなど、主に生理的な行為に使う「生活時間」です。

その前後、つまり寝る前と起きてから、食事の前と後、そんなちょっとした時間の有効活用を考えたことがありますか？　睡眠の前後、食事の前後など、わずかではあるものの、これらの時間を有効活用すれば、それが「勉強時間」に変身します。

あえて睡眠時間を削らなくても、その前後の時間を活用することを考えましょう。

「生活時間」や「仕事時間」の中から「勉強時間」を生みだす。これが、**働きながら一発合格するための鉄則**です。

これから、あなたに勉強時間をもたらす五つの方法を紹介します。

①死に時間を活かす

日頃の生活を振り返ってみてください。ただ、ぼんやりとテレビを見ている時間が多くありませんか？

ネットサーフィンをしていて気がついたら一時間も経っていた、ということはありませんか？　昼休みのランチタイムに、行列ができる人気店で三〇分待ち、なんてことをしていませんか？

総務省が発表している社会生活基本調査（平成一八年）では、テレビ・ラジオ・くつろぎなどの自由時間は、三〇歳代前半で二・五九時間となっています。目的もなく、ぼんやりしている時間が三時間近くもあるのです。これは、まさに「死に時間」と言えるでしょう。この「死に時間」を活かすだけでも相当な勉強時間が確保できます。

日本電産の永守社長は、かつて採用試験で、配ったお弁当を早く食べた人から採用したと言います。食事をサッサと済ませてしまう人は、その分、時間を作りだし、他の仕事を行なう潜在能力があると考えたのです。こうした考え方も、見方によっては「死に時間」を活かすことと言えます。

② こま切れ時間を活用する

忙しいから時間がないと言う人がいますが、この場合の「時間」とは、ある程度まとまった時間を指しています。しかし、待ち時間、移動時間、トイレ、風呂、食事の前後など、まとまった時間にはならなくても、こま切れ時間なら結構あります。**こま切れ時間は、暗記ものの学習には最適な時間**なのです。暗記ものの学習の特徴は、いつでも、どこでも、すぐにはじめられること、短時間でもいいし、すぐにやめることも可能なことです。その気になれば、テレビＣＭの合間にも暗記ものの勉強ならできます。

こま切れ時間の活用は、効率的な学習にとってとても大切なのです。

③毎日、決まった時間帯、決まった場所で勉強する時間を確保する

毎日、決まった時間に勉強する、その継続が勉強を習慣化してくれます。習慣化すれば、案外勉強は楽になります。毎日の通勤時間の電車の中、出勤前の一時間など、その気になれば毎日、決まった時間帯を確保することは可能です。

④「仕事時間」を効率化、短縮化する

一日の大半を会社で過ごす人は、「仕事時間」へメスを入れましょう。このように言うと、仕事中に勉強することを思い浮かべるかもしれませんが、決してそうではありません。仕事をサボれ、と言っているわけではありません。

「仕事時間」にメスを入れるとは、ズバリ、**仕事時間そのものを減らす**ことです。

仕事時間を減らすには、次の二つの方法があります。

Ⅰ　仕事の量を減らす

Ⅱ　仕事の処理スピードをアップさせる

それぞれについて見てみましょう。

Ⅰ　仕事の量を減らす

仕事の量を減らすポイントは次の二つです。

・人に応援を上手に依頼する
・人の依頼を上手に断る

一見すると不義理な感じがするかもしれません。しかし、自分がしなければならない仕事まで人に依頼するということではありません。自分がすべき仕事は、ちゃんと自分でします。でもあなた以外の人でもできる仕事であれば、やんわりと断っても問題ないはずです。要するに、何もかも一人で抱え込まず、周りの人の協力を上手に得る、ということです。そうすれば、自然に時間は作れるようになります。ぜひ、試してみてください。

なお、当たり前のことではありますが、ムダな仕事をやらないことも大切です。たとえば、資料を作成するときに編集に凝るとか、過剰なまでのデータを集めるなど、そこまでやらなくても誰も困らない仕事って案外あるものです。そんな仕事をやめることでも時間は作れます。

Ⅱ 仕事の処理スピードをアップさせる

仕事の処理スピードをアップさせるポイントは次の二つです。

・すぐやる
・同時並行処理する

Ⅰで時間が作れたら、次は「すぐやる」習慣です。「すぐやる人は仕事ができる」と言います。つまり、何事もすぐに取りかかる人は仕事の仕上がりも早いのです。逆に、出社して、まず一服からはじまる人は仕事の取りかかりが遅い人です。仕事もズルズルと遅くなりがちです。そんな人を尻目に、朝からサクサクと仕事を進めていけば、おのずと処理スピードは上がります。そして早く終われば、残業せずにさっさと帰るのです。最初は勇気がいるかもしれません。でも、すぐやる習慣のあなたには「仕事ができる」＝「段取りがいい」という好意的な見方がされるはずです。

一方、同時並行処理のポイントは、「ながら仕事」と「ついで仕事」です。

たとえば、コピーをとる作業をしながら、資料に目を通したり、簡単な打ち合わせを済ませてしまいます。また、外出するついでに、取引先に顔をだすなどすれば、時間を有効に使えます。

こうすれば、二つ以上の仕事をいっぺんに済ませてしまうことができます。

⑤一人の時間を作る

勉強は一人でするものです。だから、一人になれる時間をどれだけ確保できるかはとても大切なことです。**一人になれる時間を作るポイントは、時間をスライドさせること**です。要は、多くの人が動く時間とは別の時間帯に動く、ということです。

たとえば、早朝出勤をしてみてください。誰もいないオフィスは、一人になれるだけではなく、「あいつは朝が早い」と評判になり、「早く帰るのは仕方ない」と周囲の理解も得やすくなります。そうすれば、残業しなくても済み、さらに勉強時間を作ることができます。

昼食も混雑する時間帯を避け、比較的空いている時間帯に、できるだけ一人で行くようにしましょう。たったこれだけのことで、一人になれる時間は作れるものです。

あなたの一日を総点検して、勉強時間を確保しよう

仮に社労士などの合格者の平均的学習時間を一〇〇〇時間とすると、一日平均どれくらい勉強したらいいのでしょうか？

今、学習開始時期を本番の試験の一年前とすると、試験まで五二週あることになります。土日に合計一〇時間勉強するとしたら、平日はどれくらいの時間が必要でしょうか？　計算してみましょう。

平日の学習時間の合計は、土日を除くと、

一〇〇〇時間　－（一〇時間×五二週）＝　四八〇時間

平日一日の必要学習時間は、

四八〇時間　÷　五二週　÷　五日　＝　一・八四時間

どうですか？　平日はたった二時間弱確保できればいいのです。しかもそれは、まとまった時間じゃなく、こま切れ時間でいいのです。

仮に今より三〇分早起きして、出勤前に三〇分勉強する。お昼休みに三〇分、自宅に戻って、一時間、これだけでも二時間になります。

こう考えれば、「自分にもできるかも」と思いませんか？

「自分にはできそうにない」と思った方は、以下のチェックリストを使って、一日の「生活時間」と「仕事時間」をチェックしてみましょう。

あなたの勉強時間を生みだすチェックリスト

生活時間

自宅をでるまでにどれくらいの時間を確保しますか？　（　　）時間
テレビ等ぼんやり過ごす時間をどれくらい削りますか？　（　　）時間
通勤時間はどれくらい使えそうですか？　（　　）時間
土日はどれくらい時間が確保できそうですか？　（　　）時間

仕事時間

人に頼める仕事はありませんか？　（　　）時間
断れる仕事はありませんか？　（　　）時間
もっと簡略化できる仕事はありませんか？　（　　）時間
昼休みに使える時間はどれくらいですか？　（　　）時間

勉強に使える時間合計　（　　）時間

どうですか？　右のように細かくチェックしていけば、どこかで勉強時間を作る余裕が見つかるはずです。それを合計すれば、いとも簡単に二時間になるはずです。

早寝早起きのすすめ

勉強時間を確保するなら、睡眠時間を削るしかないと考える人がいます。でも、睡眠は勉強時間以上に大切な時間なのです（九四頁参照）。ですから、睡眠時間を削らず、勉強時間を生みだす方法を考えましょう。

その一つが「早寝早起」です。「なんだ、そんなことか」と思うかもしれませんが、確実に効果があるものです。

もちろん、朝に強い人もいれば、朝に弱い人もいるでしょう。とくに低血圧の人はどうも朝は苦手という人が多いようです。また、朝型でも、夜型でもこだわる必要はないという人もいます。しかし、私は断然、朝型をおすすめします。

その理由は、

①試験は夜じゃなく朝から行われること

朝からすっきりとした頭で試験に臨むためには朝型になるべきです。試験時間帯に合わせた脳のリズムを作っておくためです。

②朝は一人になれる時間であること

朝は、ある程度のまとまった時間が取りやすい時間帯です。しかも、静かなうえに、誰にも邪魔されず一人だけになれる時間帯です。

夜は家族サービスなど一人になりにくい時間もあります。ですから、とくに集中して勉強したい科目は、朝のまとまった時間帯を使うと効果的です。

③ 誰よりも早くスタートしているという「優越感」が自信とやる気を高めてくれること

優越感は自信につながります。そして自信はやる気を高めてくれます。

夜型の人はスロースターターが多いように思います。スロースタートすると、常に時間に追われた生活になります。そんな人を尻目に、朝からクイックスタートすれば、優越感から精神的ゆとりも生まれます。

ちなみに、私も目覚まし時計なしで毎朝ほぼ五時には起床するという生活がずっと続いています。朝はどうも苦手という人は、朝に大事な日課を入れるという方法もあります。私の場合、ブログの更新は朝起きてからです。出勤するまでに更新しなくてはいけないと思うからこそ、早起きしてすぐに集中できるのです。

早起きになるポイントは、最初は無理してでも朝早く起きること。そして**習慣化するまで**

続けることです。そして**決して例外を作らない**ことです。たまの休日くらい朝ゆっくりなどと言わず、毎日早起きすることです。

勉強に取りかかる時間をショートカットする方法
～すぐやる人が仕事も勉強もできる人～

パソコンを立ち上げるときのことを思い浮かべてください。

スイッチを入れました。しかし、すぐにパソコンが使えるわけではありません。パソコンが立ち上がるまでに時間がかかりますね。

この時間はパソコンを利用するときのムダな時間です。この時間をカットできれば、もっと早く仕事に取りかかれます。

勉強にもパソコンの立ち上がり時間と同じようなムダな時間があります。「そんな時間はあったかな？」と思った方も多いかもしれません。

では、お聞きします。

あなたはどこで勉強していますか？

勉強する場所は決まっていますか？

「自分の部屋の自分の机で勉強する」と答えた方。その方は、知らない間にムダな時間を作っている可能性があります。

私は受験期間中、教材はリビングに置いていました。書斎とか、勉強部屋がないため、そうせざるを得なかったのですが、**いつもいる場所に教材があると、いつでもすぐに勉強をはじめられます。**常に意欲が刺激されます。

わざわざ書斎に移動して勉強をはじめている人は、その「わざわざ」移動が億劫で、ついついテレビの前で……となりやすいものです。

常に手元に教材を置いておけば、トイレに座るときも教材とともに……となります。

こうすれば、「勉強に取りかかる時間」を一気にカットできるのです。

また、外出するときはいつでも取りだせるよう、かばんの中に教材を入れておくことも大切です。予定の急なキャンセル、訪問先に早く着きすぎたちょっとした空き時間など、**こま切れ時間はある日突然訪れます。**そんなとき、今日は何を勉強しようかなと考えるだけで時間のムダです。すぐに勉強に取りかかれるよう、教材が手元にあることが必要です。ポイントは、**こま切れ時間がきたら、それを使おうとする意識と、いざというときにすぐに取りだせる教材をいつも携帯**しておくことです。

こうして、「~からはじめる」とか、「~でやる」といったタイミングと場所にこだわらず、**いつでも、どこでも、すぐに勉強に取りかかれる準備をしておく**のです。たったこれだけのことで、あなたの勉強時間は大きく増えるはずです。

Part 2

勉強時間の確保の方法は勉強時間そのものの中にある

成果が上がらない人が陥る四つの時間のムダとは

勉強の目的は、できなかったことができるようになること、わからなかったことがわかるようになること、つまり、勉強の前後で変化があることです。ところが、時間をかけたのに、変化しない人がいます。労多くして得るものなし。残るのは徒労感。こうなると、やる気も下がってきます。勉強は結構時間を割いてやっているはずなのに、あんまり得点が伸びない人には、次の四つのような時間のムダが見られます。思い当たるものはないでしょうか？

頑張っているのに得点が伸びない人に見られる四つの時間のムダ使い

①できる問題ばかりやっている時間のムダ
②いくら考えてもできない問題をウンウン考えている時間のムダ
③すでに覚えていることを繰り返し覚えている時間のムダ

④サブノート作りなど作業時間に費やす時間のムダ

やさしい問題をスイスイ解いていると、それだけで満足してしまいがちです。なんだか実力がついたような感じがする、なのに、模擬試験を受けたら全然ダメだった。これでは自信喪失してしまいます。**できる問題ばかりやって時間を費やしても、実力はつかない上にやがて退屈するだけ、**はっきり言って時間のムダです。

第三章の問題集の活用法でも説明しますが、時間をかけてやるべき問題は、できたり、できなかったりする難易度の問題です。

また、知っているのか知らないのかの知識が問われる試験では、いくら考えたところで正解は導けません。考えるよりは、さっさと解答解説を読んだほうが時間のムダ使いはなくなります。

また、いくら暗記が大切だといっても、すでによく覚えたものまでも繰り返し暗記しようとするのも時間のムダです。すでに暗記できた知識はいくら繰り返したところで、それ以上の変化はありません。**そんな時間があったら、あやふやな知識、うろ覚えの知識の暗記にこそ時間を割くべき**です。

また、サブノート作りなど結構手間のかかることをやっていると、それだけでなんだか勉強した気になったりします。講義中に書きなぐったノートをわざわざ清書する人もいます。これは、書き直す時間のムダだけでなく、記憶に結びつく講義中に感じたリアルな臨場感もすっかり消し去るという二重のムダをやっているのです。

あなたが勉強する目的は何ですか？　合格するためですね。それなら、合格するために、必要なことは何かを考え、無駄な努力はやめて、必要な努力に集中したほうがいいに決まっています。ムダな勉強時間をカットし、効果性の高い勉強にこそ時間をあてるべきです。

勉強時間の捻出法、最後の砦は、勉強時間そのものの中にあったのです。

仕事をしている人のほうが試験に有利な点

オン・ザ・ジョブ・ライセンス（OJL）という考え方

試験の合格を目指すなら、断然OJLです。オン・ザ・ジョブ・トレーニング（OJT）ではありません。OJLです。

これは、**オン・ザ・ジョブ・ライセンス（OJL）**のことで、私の造語です。

オン・ザ・ジョブ・トレーニング（OJT：仕事を通じての教育訓練）をもじったものですが、簡単に言うと、仕事を通じて試験合格に必要な知識を吸収する、ということです。

仕事があるから忙しくて勉強できない、ではなく、仕事を利用して勉強するのです。

たとえば、総務人事関係の仕事についている人はもとより、社会人なら労働基準法や雇用保険、労災保険、健康保険、厚生年金などは誰もが知っておくべき知識です。

あなたは、「振休」と「代休」の違いが言えますか？　「年次有給休暇」は、いつから何日つくのかご存知ですか？　案外こんなことも知らない人が多いのです。

これらは、社会人にとって必須の知識であり、なおかつ社会保険労務士を目指す人にとっては欠かせない知識です。経理を担当するなら、簿記の勉強を通じて、検定を目指すのもいいでしょう。営業マンなら、マーケティングの知識が必須です。そして営業という仕事上必要な知識を身につけていくプロセスそのものが、実は、中小企業診断士試験の「企業経営理論」などの勉強にも直結しているのです。また会社では、コンプライアンスやコンセンサス、プライオリティ、インセンティブなどカタカナ英語が当たり前のように使われています。こうしたカタカナ英語をきっかけに英語の語彙を増やしていき、TOEICに挑戦するという手もあります。つまり、社会人として調べる・知るという行為がそのまま資格試験の勉強になっているのです。

オフィスの環境も大いに利用しましょう。空調の効いたオフィスは快適な学習空間になりますし、会社が日経新聞など全国紙をとっていれば、そこには試験に役立つ情報がいっぱいです。行政書士試験で多くの受験者を悩ます「一般知識等」も、新聞等の情報から学ぶことができます。

また、仕事をしているからこそ得られる情報や人脈は、資格取得後、独立を目指す人には重要な資源となります。

たとえば、社会保険労務士資格を取って独立したAさん。当時、付き合いのあった企業の社長からさっそく顧問契約をしていただき、次々と顧客を紹介され、今では順風満帆、忙しく活躍しています。

安定した収入も魅力です。会社勤めをしていれば、毎月一定の収入が得られますが、このことは、安心して勉強を続けていくためにはとても大切な要素です。仕事を辞めて退路を断ち、背水の陣で試験に臨むという人もいます。その決意はすばらしいですが、リスクが大きいのでおすすめしません。

こうした点からも、「仕事をしながら合格を目指す」ほうがいいのです。

通勤電車勉強法

毎日、決まった時間帯に、決まった場所で決まった時間だけ勉強できる。たとえば通勤電車の中。学習を習慣化するのに、これを使わない手はありません。仕事をしているがゆえに有利な点とも言えます。

ただ、通勤電車は、人によってその環境が様々でしょうから、いくつかのパターンを次の表にまとめてみました。

基本は、短時間なら「暗記」中心、長時間なら「インプット」中心、朝は頭がすっきりしていますから「インプット」中心、帰りは多少疲労もあるので「暗記」とか「復習」などが比較的ストレスもかからず、取り組みやすいと思います。

車内で立ったままなら、iＰodを活用した英語のリスニングや暗記カードによる暗記学習、第三章に述べる「リマインド学習」などがいいと思います。座れるならテキストの通読や、問題集を解くなど、それぞれの環境で最適なものを選択すべきです。

また、空いている時間帯、空いている車両を見つけておくことで、毎日安定した学習環境を確保することも大切です。

いずれにせよ、あなたの置かれている通勤環境の中で、有効に時間を使える勉強スタイルを編みだすことです。

一つだけ注意したいことがあります。

iＰodなどを利用した音声学習には向いている勉強と向いて

通勤電車内の環境と学習のベストマッチ

通勤時間／混み具合	長い	短い
混んでいる＝立ったまま	リマインド学習（100頁参照） iPod などを使った音声学習	暗記カード
空いている＝座れる	テキストの通読 問題演習（過去問など）	一問一答式問題

いない勉強があるということです。向いているのは、英語のリスニングなどですが、音声学習の欠点は、集中しないとただ聞き流しただけで終わるリスクがあるという点です。

英語のリスニングテストなどを除けば、資格試験のほとんどは、ペーパーテスト。つまり目で読む試験です。だから筆記試験対策の基本は、「視覚」を使う勉強のほうが向いていると思います。過度に音声学習に頼りすぎても限界があると思うのです。

第3章

勉強はどうやるか

Part 1 全体像をつかむ学習法

ジグソーパズル学習法

「勉強＝暗記」で、記憶力の良し悪しが合否を分けると考える人がいます。また、「暗記＝苦痛」と思い込んであきらめるという人もいます。でも、それは違います。

勉強の基本は、まず、「わかること」です。そして、その次に「覚えること」です。繰り返しますが、**「わかる」が先で、「覚える」は後**です。

このことをおろそかにして、わからないまま闇雲に覚えるから苦しくなるのです。これに対し「わかったこと」を記憶するのは案外楽しく、楽なものです。

では、「わかる」ために大切なことは何でしょうか？　この点について考えてみましょう。たとえば、何千ものピースからなるジグソーパズルが完成できるのはなぜだと思いますか？

答えは、完成図、つまり全体像が最初にわかっているからです。完成図があって、全体像を把握できるから、細かい部分がわかるのです。**勉強の基本、それは、まずは「全体から入**

って細部へ」、「結論から各論へ」の流れです。

ですから、図やマンガがいっぱいのやさしい入門的なテキストからはじめるのは、とても適切なやり方だと言えます。短時間で全体像がつかめるからです。

なかなか成果がでない人は、この逆をやっているのです。最初から丁寧に細部まで理解しようとするあまり、細かな点に気をとられ、全体が見えていません。これではまさに「木を見て森を見ず」です。

ビジネスでは、報告の原則は「結論が先、詳細は後」です。結論を先に報告することで、まず全体像がつかめます。だから細部の報告も理解できるのです。勉強もこれと同じです。

新聞記事の内容が短時間で理解できる理由も、この要領で説明できます。

新聞記事の内容がわかるのは、見出しを見ることで、記事の要約、つまり全体像が把握できるからです。もしも、新聞の見出しを見ないで記事を読んだとしたらどうでしょうか？おそらく、最初からじっくり読まないと記事の内容を把握できないはずです。

勉強も同じです。まず全体像をつかむこと、それもできるだけ短時間につかむことが「わかる」コツなのです。

Part 2

テキストには読み方がある

最初に注目するのは二箇所だけ

最初に手にするテキスト。厚くてページ数も多い。それだけで受験を決意した当初の意気込みが少しひるんでしまいそうです。読み終えるのにどれくらい時間がかかるだろうか、そう考えると気が遠くなる、そんな人もいるでしょう。でも、最初は、全体像をざっとつかむだけでいいのです。細かいことは後回しです。

それでは、テキストをはじめて読むとき、全体像をどうやってすばやく短時間で把握したらいいのでしょうか？

実は、テキストには全体像が把握できるところが二箇所あります。

一つは、**目次**です。目次は何十ページにも及ぶテキストの全体を、きわめてコンパクトにまとめてあります。そのため、**ほんの一、二ページ読むだけで、大まかな全体像を把握することができます。**

でも、もっと重要なものがあります。それは、**各章の最後にある「まとめ」**です。目次だけでは、全体をイメージしづらいこともありますが、**「まとめ」を見れば、その章に書かれた内容をすばやく大つかみできます。**このように、「まとめ」を読んでから、最初に戻って読みはじめる方法を**「リバース読み」**と呼んでいます。

テキスト三回転通読法が基本だけど……

「目次」と「まとめ」でおおよその全体像をつかんだら、さっそくテキストを最初から読んでいきます。テキストの読み方と言うと、多くのノウハウ本が指摘する「テキストは三回読みましょう」があります。これは、いまや定番となっているので、多くの人がご存知だと思います。

でも、**三回読んだらそれでいいと考えるのは間違い**です。三回という回数が目的になってはいけません。実は、**合格者の多くは、三回以上テキストを読んでいます。**三回通読は、あくまでもその後に続く、複数回のテキストの読みこなしをするための地ならしという位置づけです。**三回転通読法が基本だけど、三度より四度、四度より五度と、読む回数は多いほどいい**のです。

それでは、まずは基本の三回転通読法から説明します。

三回ともに読み方、目的が違いますので、その点にご注意ください。

★☆☆一回目

一回目の読み方のポイント、それは、**わからないところは飛ばしてもいいので、とりあえず最後まで読み終える**ことです。

最初は知らないこと、わからないことが多いものです。だから、最初から丁寧にすべてを理解しようとすると挫折してしまいます。一回読んだだけでは「よくわからない」、これは多くの合格者が体験をしていることなので、気にすることはありません。それよりも、とりあえず読み終えたときの「達成感」を味わうことのほうが大切です。このことが、後のモチベーションにプラスに作用します。

実は、**わからないところも、勉強を進めていくうちにわかってくることが多い**のです。たとえば、社会保険労務士試験では、厚生年金と国民年金、厚生年金と健康保険という科目は、それぞれ内容が関連しています。そのため、健康保険を勉強しているときにわからなかったことが、国民年金や厚生年金を勉強してみてはじめてわかった、ということがあるのです。

読みながら、わかりにくいところがあったら、「?」マークをつけたり、ポイントになりそうなところには、鉛筆で下線を引くなどして軽くチェックしておきます。この段階で、蛍光ペンなどで色をつけてはいけません。その理由は後で説明します。

まずは、いちいち立ち止まらずひと通り読み終えることを最大の目的としますので、**「慣らし読み」**と呼んでいます。

マラソン選手があらかじめコースを試走し、難所、勝負どころを把握し、本番に臨むのと似ています。

★★☆二回目

一回目に読んで、わからなかったところを意識しながら、理解中心の読み方をします。場合によっては立ち止まり、行ったり来たりの読み方になるので、**「道草読み」**と呼んでいます。そして、関連ページ等とのリンクを意識し、気づいたこと、わかったことをテキストに書き込みます。

また、参照ページも書いておきます。その際に大切なのは、**関連するページの双方に、「○ページに関連あり」と書いておく**ことです。そうすれば、どちらのページを読むときでも、関連するページを一緒に読むことができます。**同じ色の付箋を双方のページにつけておく**のも有効な方法です。テキストを閉じても、ひと目でどこが関連するかわかるからです（一一六頁参照）。

★★★三回目

この段階で、はじめて、全体を丁寧に記憶していきます。グラウンドを整備する際に小石を拾ったり、でこぼこをならしたりして丁寧にトンボをかけるイメージなので、**「トンボ読み」**と呼んでいます。

蛍光ペンで色づけするのは、この段階からです。

テキストを三回読むことの大切さは多くの人が指摘しています。でも実際には、前述したように三回では不十分です。確実に合格するにはそれ以上読むことが必要なのです。

最初から蛍光ペンを使うな

勉強をはじめた頃は、誰もがとかく張り切ります。テキストを読んで、何でも覚えてやろうと欲張り、大切だと思うところにどんどん蛍光ペンで色をつけたりします。

でもそれは間違いです。その理由は次の三つです。

① 最初にテキストを読むときは、どこが自分にとってポイントなのかはわからない

② 色をつけると、そこだけが目立つようになって、二回目以降の読み落としのリスクは高くなる

③ 最後はテキストのほとんどに色をぬりがちで、どこがポイントなのかがわからなくなる

本試験後に、「こんなところはテキストのどこにも書いてなかった」と言う受験者がいます。でも実は、ちゃんと書いてあるのです。本人が見落としているだけなのです。

「テキストになかった」と思ったけど、実はテキストに書いてあったというのは、蛍光ペンで色づけされた箇所が多すぎて、注意が散漫になった結果なのです。

蛍光ペン等で目立つようにするべき箇所は、理解しづらいところ、覚えにくいところです。でも、**自分にとって何が覚えづらいところなのかは、勉強をはじめたばかりの段階では絶対にわかりません。自分にとって、大切なところがどこなのかは、ある程度勉強が進んだ段階ではじめてわかる**ことです。にもかかわらず、最初から色づけしてしまうと、結局ほとんど色づけされてしまい、何が本当に大切なのかさえわからなくなります。だから、色づけをし目立たせるのは、ある程度、学習が進んだ段階からなのです。

テキスト持ち込み可の試験でも不合格になりますか？

仮に、あなたが受験する試験で、あなただけにテキスト持ち込みが許されたとしましょう。それでも合格する自信がないとしたら、それはテキストが悪いのではなく、あなたの勉強方法がまずいのです。

テキストに載っていないような問題が出題されたとしたら、多くの受験者が正解できません。したがって、そんな問題は合否にはまったく影響しません。

大切なのは、テキストから出題されたとき、確実に正解できることです。そのためには、テキストを何度も読み込んでおくことです。読み込んで、読み込んで、頭の中にテキストを埋め込んでいると思えるくらい読み込むのです。つまりテキストを持ち込んだと同じ状態くらいまで詰め込むのです。

だから、テキストはこれと決めた一冊を使うことが大切なのです。

もちろん、わかりにくい箇所に出会ったら、他社のテキストも見てみます。そっちのほうがわかりやすいという記述や、なるほどという記述があったら、それを元のテキストに書き写せばいいのです。こうして、**一冊のテキストに情報を圧縮付加していく**のです。

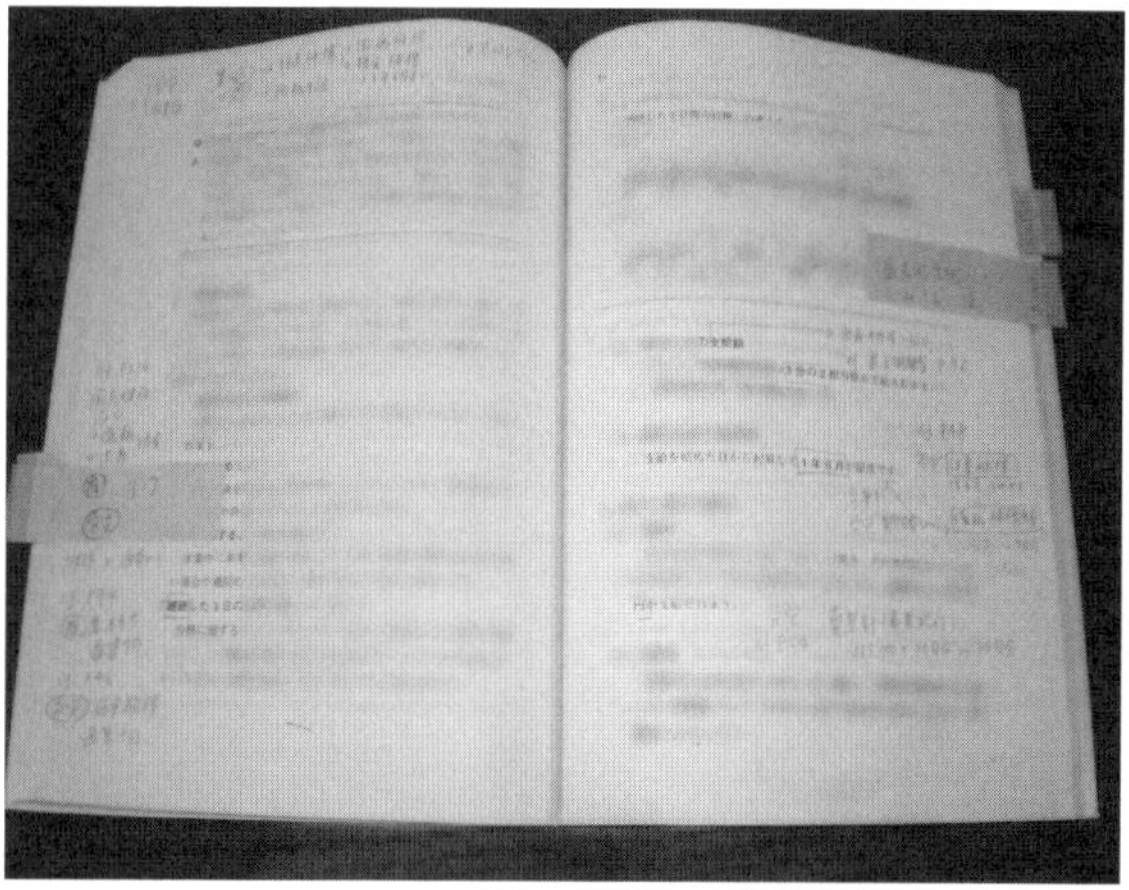

情報を圧縮して付加したテキスト。
余白に必要事項を書き込み、付箋等もつけて自分だけのオリジナルなものを作る。

なぜこの方法がいいのかというと、これには次の二つの理由があります。

第一に、情報を一つに集約することで、探す時間の無駄がなくなるからです。

勉強の途中で、どこかの何かのテキストに書いた覚えはあるけど、どのテキストに書いたのか思い出せないことがあります。そんなとき、情報を一冊のテキストに集約しておけば、あれこれといちいち探さなくて済みます。

『「この」テキストのどこかに書いてある』というのと、『「どこかの」テキストのどこかに書いてある』というのでは、探す時間が断然違います。安心感も違います。

さらに、**教材が増えれば増えるほど、覚えないといけない量が増えたような感じにさせられます。しかし、テキストが二冊になって、心理的負担は二倍になっても、知識が二倍に増えるわけではありません。**「これだけ」やったらいいと思えるのと、「あれもこれも」やらねばと思うのと、どっちがモチベーションが高まるでしょうか？

第二に、一冊のテキストを隅々まで何度も読みこなしていくと、あれはここらあたりに書いてあった（●ページの右下に記述があったとか）と、記述されている位置まで思い浮かべ

ジグソーパズル学習法をテキストに活かす
（全体→細部　結論→各論）

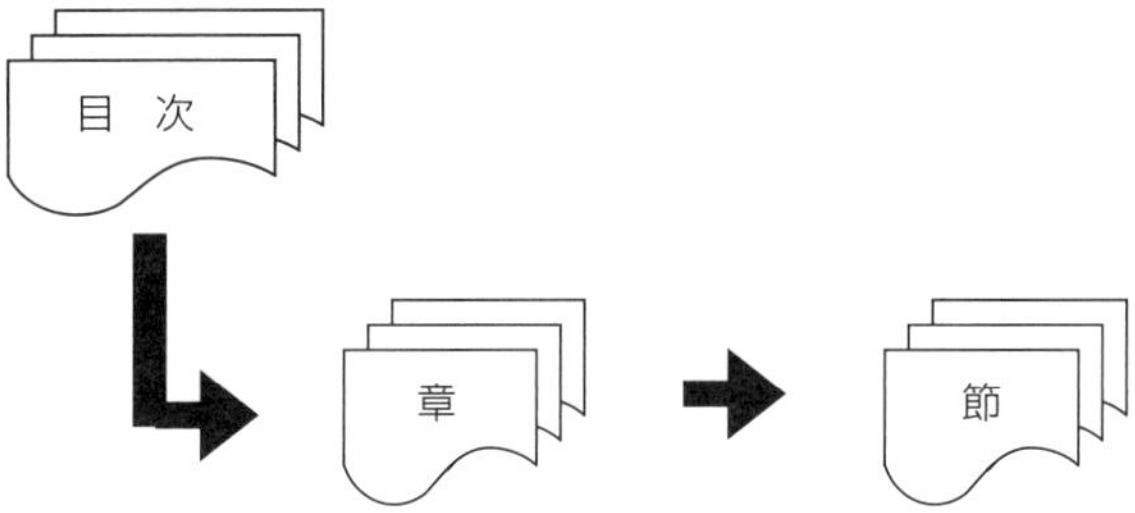

ることができるようになります。これとは反対に、いろいろなテキストを読んでいると記憶が分散され、「さて、どこかに書いてあったはずだけど、どこに書いてあったかな？」ということになりかねません。

記憶は繰り返し読んだテキストに宿ると言ってもいいでしょう。だから、複数のテキストをざっくり読むよりも、**一冊のテキストを何回も読んだほうがずっと効果的**なのです。

前述したように、テキストそのものには大差ありません。同じテキストを使っても、合格する人、合格しない人がでてきます。ということは、テキスト自体に問題があるのではなく、テキストの読み方に差があるということです。読み方の差とは、これまで説明してきたように、テキストを三回読む際に、各回ごとのポイントを意識した読み方をしているかどうかの差なのです。

ちなみに、四回目以降の読み方は、蛍光ペンで色づけしたところを中心に読んでいくとか、こんなところが出題されそうだな、と意識しながら読めばいいでしょう。

暗記術や速読法よりも大切なこと

先に、合格者はテキストを三回以上読んでいるという話をしました。読んだ回数は多ければ多いほど記憶に残ります。ただ、同じテキストを同じ回数読んだとしても、その理解度には差があります。

それは、読み方の差によるものです。テキストの記述によく注意してください。「たとえば」と書いてあれば、その後にわかりやすいたとえ話が続くはずです。

こうした記述は、難しい専門用語の理解を助けてくれます。

「つまり」と書いてあれば、その後には、「要約＝ひと言で言うと」が続きます。こうした記述は、内容を簡潔に理解するのに役立ちます。

「逆に」と書いてあれば、その前の記述と対比した文章が続きます。前と後、それぞれの相違点を意識して読むことで、二つの知識を対比して覚えやすくなります。

このように、**いつくかのキーワード的な接続詞に注意するだけで、テキストを上手に読むことができ、理解も深まります。**

また、**試験の出題形式を意識したテキストの読み方も大切**です。宅建のように択一式だけの試験と、行政書士のように記述式も問われる試験では、おのずとテキストの読み方も違ってきます。択一式なら「キーワード」の意味することが、「だいたいわかれば」正解を導くことは可能ですが、記述式となると、「キーセンテンス」を、「正しく書ける」ようになることがポイントだからです。中小企業診断士なら一次試験（択一式）の勉強のときにも、二次試験（論述式）を意識したテキストの読み方をしたほうがいいのです。

私は速読法や特別な記憶法を知っているわけではありません。速読法や暗記術をマスターして試験に合格したことはありません。速読法や暗記術の宣伝文句を目にすることはあっても、それをマスターしようとは思いませんでした。なぜならば、タダでさえ大変な試験勉強に、さらなる負担が増す感じがするからです。

そんなスキルを学ばなくても、正しい勉強を続けていくプロセスで速読法も暗記術も自然と身につくのではないでしょうか。

Part 3

暗記の鉄則　～下ごしらえに時間を惜しむな～

覚えられないのは頭のせいでも年齢のせいでもない

「覚えたのに忘れた」というときは、誰でもがっかりするものです。そして、やっぱり頭が悪いんだ、年齢のせいだ、と思いがちです。でも実は、合格者も同じ経験をしているのです。合格者と不合格者の違い、それは忘れたから失望するのではなく、忘れたらもう一度覚え直すという気持ちになれるか、なれないかの違いです。

脳には、忘れやすいという特徴があります。頭の良し悪しも、年齢も関係ありません。**「忘れるのは当たり前」**なのです。

とは言え、忘れにくくしようとする工夫はできます。そして、工夫しようとする意識や、やり方次第で、ずいぶんと「忘れにくさ」に開きがでてくるのです。

「勉強は暗記だ」と言う人がいますが、実は、「暗記＝記憶」じゃありません。

記憶には三つの段階があるのです。

それは、「記銘→保持→想起」です。そして、**第一段階の「記銘（覚えやすさ）」の工夫い**

【記憶の3段階】	【パソコン】	【工夫】
記銘	入力	覚えやすく
↓	↓	↓
保持	保存	忘れにくく
↓	↓	↓
想起	出力・検索	思いだしやすい

かんで、次の「保持（記憶の定着）」や「想起（思い出す）」が決まってきます。

やみくもに丸暗記したことは、いとも簡単に忘れてしまうのは皆さんも経験しているでしょう。

暗記の工夫の鉄則とは、「覚えやすく」すること。そうすれば、忘れにくくなりますし、試験でも想起しやすいのです。

たとえば、木を切り倒すのに、さびた斧で力まかせにやるより、時間はかかっても、いったん切り倒す作業をやめて刃を研いだほうが、その後の作業がずいぶん楽になり、結果的に短時間で木を伐採できます。暗記も同じです。だから、**暗記する際の下ごしらえの時間は決して惜しまない**ことです。

どうすれば覚えやすいか、その方法を考えるだけでも効果は十分あります。

暗記＝語呂合わせだけじゃない

暗記と言うと、語呂合わせを思い浮かべる人が多いと思います。たとえば、こんな具合です。

いい国作ろう、鎌倉幕府　一一九二年
泣くよ、ウグイス、平安京　七九四年

でも、暗記するコツは語呂合わせだけじゃありません。実は、**暗記法の引きだし（自分なりのレパートリー）を多く持つほど、楽で、楽しく、早く覚えられ、しかも忘れにくくなります。**

ここで、暗記を料理にたとえてみましょう。

今、炒めるしか調理法がないとします。

すると、炒めるという調理法になじまない食材がでてきますし、そもそも、何でもかんでも炒めただけでは飽きてきます。要するに、もともと無理があるということです。

しかし、調理法のレパートリーがたくさんあれば、その食材にふさわしい料理が選べるようになりますし、バラエティに富んだ料理が作れます。

暗記法も同じです。何でもかんでも語呂合わせ一辺倒では無理があります。暗記すべき対象にふさわしい覚え方があるのです。豊富なレパートリーの中から、それにふさわしい覚え方を選べばいいのです。

それではどんな方法があるか、私の方法をほんの少し紹介してみましょう。

●専門用語を、「たとえば」、「つまり」など、自分なりの言葉に言い換えてみる方法

「たとえて言うとこういうこと」あるいは、「つまりはこういうこと」といった具合に、自分の言葉に言い換えてみてください。難しいこと、抽象的なことほど、自分の言葉で言い換えたほうが覚えやすくなります。

たとえば、行政書士や宅建にでてくる民法の基礎知識、「瑕疵担保責任」（かしたんぽせきにん）。これをテキストそのままで覚えるとこんな表現になります。

「瑕疵担保責任とは売買の目的物に瑕疵（その物が取引上普通に要求される品質が欠けていることなど、欠陥がある状態）があり、それが取引上要求される通常の注意をしても気づかぬものである場合に、売主が買主に対して負う責任」

これをそのまま覚えるのは困難です。だったら無理して覚えるのではなく、ひと言でこうまとめてしまいましょう。

「お互いに見つけられなかった傷、欠陥」

こう表現すれば、わかりやすく、しかも覚えやすいのではないでしょうか？

マグレガーの「X理論　Y理論」というのを聞いたことのある人もいるでしょう。X理論とは、人間は本来怠け者だから、放っておくと仕事をしなくなる。だから命令と強制で人を管理するべきだという考え方です。これをそのまま覚えるのではなく、「つまりは、アメとムチで管理すること」と言い換えたら、わかりやすくて覚えやすいと思いませんか？

中小企業診断士試験の「企業経営理論」のテキストには「サービスの特性」が書かれています。その中の一つに、「非有形性」という性質があります。これは、「カタチがない」という意味なのですが、これをそのまま覚えようとしても、すぐに忘れてしまいます。

そこで、非有形性を、「たとえば」と具体的な例で表わしてみます。

「床屋さんは『散髪する』というサービスを提供していますが、髪を切るというサービスには、モノ商品と違ってカタチがありません。」

こうした具体的な例に置き換えれば、「サービスの非有形性」がイメージしやすくなり、覚えやすくなります。

●頭の一文字を取る方法

何かをセットで覚えるには有効です。

・そ・わ・かの法則……「掃除」「笑い」「感謝」

そ・わ・かの法則とは、『「そ・わ・か」の法則』（サンマーク出版　小林正観著）で紹介されているもので、掃除、笑い、感謝が人生を幸せにするという意味です。このように、頭の一文字を取って覚えると、格段に記憶しやすくなります。

・QC七つ道具…散・管・特・層・ヒス・パ・チ
（散布図　管理図　特性要因図　層別　ヒストグラム　パレート図　チェックシート）

●ストーリー仕立てにして覚える方法

順番も一緒に覚えるときに有効です。

たとえば一般教養としての日本の景気拡大期の順番はこうして覚えました。

・景気の時系列　「神武」が「岩戸」で「オリンピック」を「いざなう」（いざなぎ）

（神武景気→岩戸景気→オリンピック景気→いざなぎ景気）

人材派遣で「派遣禁止」されている業務は、港湾運送、建設、警備、医師など医療関係です。これを覚えるのに、こんなストーリーで覚えたらどうでしょうか。

「港湾運送」会社が新社屋を「建設」中でした。工事中、車の出入りは「警備」していたのに、事故が発生、ケガ人がでたので「病院」に連れていきました。

●共通点、相違点などに着目し、「分類・整理」したり、「対比」したりして覚える方法

たとえば、社会保険労務士試験（択一式の試験）にでてくる公的保険の保険料は、国民年金の保険料だけが「定額」、それ以外は、厚生年金や雇用保険などすべて「料率」になっています。したがって「国民年金＝定額」とだけ覚えておけば済むのです。

そのほか、保険料の負担については、労災保険だけが、全額事業主負担、それ以外はすべて事業主と従業員の折半になっています。ですから、「労災保険＝事業主負担」とだけ覚えておけばいいのです。このように、**数少ない「例外」のほうを覚えてしまえば、「原則」は覚えなくても済みます。**いわば**省エネ記憶法**です。

宅建や行政書士など、法律中心の勉強には、原則と例外を対比してワンセットにして覚える方法が王道です。

たとえば、民法では、「未成年者が法律行為をするには、その法定代理人の同意を得なければならない。これに反する法律行為は、取り消すことができる」というのが原則です。つまり親に内緒で買ったものは後から売買契約を取り消せるのです。

でもちゃんと例外があります。「ただし、法定代理人が目的を定めて処分を許した財産は、その目的の範囲内において未成年者が自由に処分することができる」。要するに、お小遣いで買い物をするといったケースが「例外」にあたります。

このように原則と例外を一緒に覚えれば、ずいぶんと覚えやすくなり、紛らわしさも減ります。

●「因果関係」を理解して覚える方法

「〜から〜となる」といった具合に、理由や原因がわかれば記憶しやすくなります。

中小企業診断士や行政書士試験の「経済学」では、インフレやデフレの原因などは、「なぜ、そうなるのか」がわかれば覚えやすくなります。

たとえば、「世の中に出回るお金の量　＞　商品の供給量」なら、「お金持ちが増えている→高くても買える人が多い→物価上昇の引き金＝需要超過が原因のインフレになる」という流れになります。

逆に、「世の中に出回るお金の量　＜　商品の供給量」なら、「買いたくても買えない人が増えている→物が売れない→物価下落の引き金＝モノ余りが原因のデフレになる」といった具合です。このように原因と結果を押さえれば理解しやすくなり、記憶に残ります。

●イメージ、図や表にして覚える方法

たとえば、太平洋と大西洋、どっちが「太」で、どっちが「大」かわからなくなったりし

ませんか？

世界地図を見ると、太平洋の真ん中にぽつんと小さな点のようにハワイが描かれています。だから、太平洋には「大」に「・」がつくと覚えれば、頭の中に世界地図が浮かんできませんか？

暗記するときには、こうした方法をどんどん取り入れるようにしてください。レパートリーが増えるほど、効率良く、しかも楽に記憶できるようになります。

目からウロコが落ちたひと言「わかるとは分けること」

誰にも目からウロコが落ちるような経験というものがあります。私の場合、勉強法に関して、次の言葉で目からウロコが落ちました。

「わかるとは分けること」

これには次の二つの意味があります。

①大きな塊を小さく分けること

②バラバラの情報を分類・整理すること

①の「大きな塊を小さく分ける」ことについては、八五頁の「携帯電話の番号がスラスラ言える理由」のところで説明します。

ここでは、②の「バラバラの情報を分類・整理すること」について考えてみます。

図書館をイメージしてください。図書館にはものすごい数の本がありますが、その中から自分が探したい本をスムーズに見つけることができるのは、なぜでしょうか？

答えは、本がジャンルごとに分類されているからです。法律の本、経営の本、経済の本、コンピュータの本といった具合に、きちんと分類されているから短時間に探せるのです。

これを暗記に応用すると、こうなります。

たとえば覚えるポイントが五つあるとしたら、それを五つ別々に覚えるのではなく、共通点はないか、相違点はないか、何かパターン（法則）はないか、そんなことを意識してみます。これを**「分類・整理の法則」**と呼びます。

【中小企業診断士一次試験の科目「企業経営理論」の知識の例】

ポーターの5フォース（外部環境の分析モデル）

- **売り手の交渉力**
- **代替品**
- **既存業者**
- **買い手の交渉力**
- **新規参入**

分類・整理すると
五つバラバラが三つにまとまる

○交渉力という共通点

- **売り手の交渉力**
- **買い手の交渉力**

○新規と既存という相違点

- **既存業者**
- **新規参入**

- **代替品**

右の例をご覧ください。五つバラバラの知識を、「共通点」と「相違点」という視点で三つに分類・整理しています。すると、覚えることが五つから三つに分類・整理されます。これで頭の中もすっきり、覚えやすくなります。

携帯電話の番号がスラスラ言える理由

突然ですが、あなたの自宅の住所と電話番号を教えてくださいと言われたら、すぐに答えられるのではないでしょうか？　あなたの携帯電話の番号もスラスラ言えるはずです。なぜだかわかりますか？

語呂合わせで覚えたからでしょうか？

答えは、あっけないほど簡単です。繰り返し、繰り返し、友達に教えたり、書類に書いたりしているからです。

繰り返す回数が多ければ多いほど、携帯電話の番号のような**無意味なものでも、記憶は定着**します。車の通った跡、轍（わだち）をイメージしてください。一度通っただけでは、跡はつきませんが、何度も何度も通ることで、はっきりとした跡が残ります。記憶の定着も同じです。**繰り返す回数と記憶の定着は確実に正比例する**のです。

実は、もう一つ理由があります。

それは、「分ける」ことです。あんな長くて意味のない数字でも、○○○―○○○○―○○○○と小さく分けると覚えやすくなります。

たとえば、契約の申込み後、一定の期間内であれば消費者が無条件で契約を解除できるという「クーリングオフ

取引内容	クーリングオフ可能期間	適用対象	法律
訪問販売	法定の契約書面の交付された日から8日間	指定商品・権利・役務の店舗外での取引……	特定商取引法
電話勧誘販売	法定の契約書面の交付された日から8日間	指定商品・権利・役務の店舗外での取引……	特定商取引法
連鎖販売取引(マルチ商法)	法定の契約書面の交付された日から20日間	すべての商品・権利・役務	特定商取引法
特定継続的役務提供	法定の契約書面の交付された日から8日間	エステティックサロン英会話等の……	特定商取引法
業務提供誘引販売取引(モニター商法)	法定の契約書面の交付された日から20日間	仕事の提供を約束して物品の対価や……	特定商取引法
割賦販売	法定の契約書面による……から8日間	指定商品・権利・役務の店舗外で……	割賦販売法
宅地建物取引	クーリングオフ制度の告知の日から8日間	宅地建物取引業者が売主である……	宅地建物取引業法
ゴルフ会員権契約	法定の契約書面の交付された日から8日間	金50万円以上のゴルフ会員権で……	ゴルフ場等に係る……関する法律
保険契約	法定の契約書面の交付……から8日間	営業所等以外の場所での保険期間1年……	保険業法

制度」ですが、一覧表になっているものを見ると、対象となる取引や条件がいっぱいあって、一見すると、頭が混乱してしまいそうです（右表参照「クーリングオフの制度」一部抜粋）。

でも、「クーリングオフできる期間」に着目してよく見てみると、マルチ商法とモニター商法だけがクーリングオフ期間が二〇日です。それ以外は八日です。このように、内容の多いものでも、分類できれば覚えやすくなります（八三頁「分類・整理の法則」参照）。内容が多すぎて覚えづらいものは、何かを基準にいったん小さく分けて覚える、そして後からつないでいく、そんなやり方もあるのです。


これが先ほど述べた、「わかるとは分けること」であり、とりわけ「大きな塊を小さく分ける」ということなのです。

覚え方を工夫していったん覚えたら、あとはひたすら繰り返すこと、これが記憶するポイントです。「あっ、また忘れた」と思ったら、「携帯電話の番号が言える理由」を思い出してください。そしてまだまだ繰り返しの回数が足りないんだな、と思えばいいのです。

暗記は「重要度」より「覚えやすさ」から

私が中学時代には、英単語の参考書は「〇〇の豆単」が定番本で、アルファベット順に英単語を覚えたものです。Aからはじまる英単語から順番に覚えていくのですが、STU……とだんだん進んでいくうちに、最初のほうに覚えた英単語の記憶が薄くなってきます。

理由は単純です。後ろに行けば行くほど、見る回数が少なくなってくるからです。

これは、アルファベット順に前から覚えていく弊害ですが、その後、革命的な本がでました。それは、「試験にでる英単語」「試験にでる英熟語」（青春出版社 森一郎著）です。

これは、アルファベット順ではなく、試験によくでる頻度順に構成された英単語集で、当時、強い衝撃を受けました。

この本は、覚える順番に対する私の固定観念を根底から覆しました。以来、私は覚える順番については、**覚えやすいものからどんどん覚えていく**というやり方をしています。出題頻度が高く、重要なものから覚えていくというのが一番オーソドックスなやり方ですが、私はその中でも覚えにくいものはとりあえず後回しにして、覚えやすいものからどんどん記憶していくことをおすすめしています。

なぜならば、**重要な知識を問う問題でも、そうでない問題でも、正解すれば平等に得点が**

与えられることが多いからです。要するに、難しい問題でも簡単な問題でも正解すれば同じ点が取れる、ということです。

だったら、重要かどうかに関係なく、覚えやすいものから覚えていけばいいのです。

そのほうが、**だんだんと勉強が進んでいるという充実感**も得られます。

また、**暗記科目の勉強はできるだけ早く着手する**ことも大切です。気持ちに余裕があるうちにやったほうがいいのです。なぜなら、本試験間際になってくると、焦ってしまい、なかなか集中して暗記できなくなるからです。どうせ忘れるのなら直前にまとめてと考える人もいるでしょうが、学生時代のような一夜漬けができるのは、限られた試験範囲のテストだけです。国家試験のように暗記のボリュームが大きい場合、一夜漬けでは歯が立ちません。暗記のコツは反復・繰り返しですが、それができるのは、時間に余裕があって、気持ちにゆとりがあるときです。

暗記にとって最良の心理状態は「ゆとり」、暗記にとって最悪の心理状態は「焦り」です。

あやふやな一〇の知識より確かな一の知識　その本当の威力とは

前述したように、暗記は重要度にこだわらず、覚えやすいものから覚えたほうがいいのです。それは、たとえ数が少なくても確実に覚えた知識が、本番の試験で威力を発揮するからです。あやふやに覚えた知識より、確実に覚えた知識のほうが、より実戦的なのです。

その典型が択一式の問題です。

「問題　次の五つの中で正しいのはどれか？」

こうした問題の場合、たいていの場合、解答の候補が二つか三つまでに絞られます。でもその後が大変なのです。あやふやな覚え方をしていると、こうした問題では、「あれっ、どっちだったっけ」となります。なぜならば、択一式問題では、紛らわしい選択肢が用意されているからです。

でも、五つのすべての選択肢について、○か×か、判断できなくても正解は導けます。これは絶対に○だと断言できるものが一つあれば、残り四つはわからなくてもいいのです。たった一つの確実な知識で正解に至る。これが「確かな知識」の持つ威力です。

あやふやな知識は迷いの元、確かな知識は得点の元なのです。

覚えているのに思い出せない悔しい体験を防ぐネットワーク学習法

試験で最も悔しいのは、こんなときです。

「覚えたはずなのに、思い出せない」

「えっ、どっちだったっけ？　どちらかなんだけど、迷うなぁ。」

なぜこのようになるかというと、それは「想起」する力が不足しているからです。試験で問われるのは、たんなる「記憶」ではなくて、「想起」する力です。


たとえば、「アメリカの首都はどこ？」という問題があったとします。

答えはもちろんワシントンですね。でも、ニューヨークと答える人は結構多いのです。

しかし「ワシントンはどこの国の首都？」という問題なら、きっと多くの人がアメリカと答えられるはずです。要するに、「ワシントン→アメリカ」という結びつきはしっかりしているけれど、「アメリカ→ワシントン」の結びつきは弱いということです。

試験に合格するために必要なのは、覚えた知識の中から、試験問題で問われたことに対し、必要な知識を引きだすこと、つまり想起の力です。その力をつける最適な方法が、これから説明する、「知識と知識を結びつける」「関連づける」という学習法です。

勉強していると、「あれっ、これは前に勉強したアレと似ているな」と、前にやったことが思い浮かぶことがあります。新しい知識とすでに学んだ知識がつながる瞬間です。このときにそのまま放置せず、どこの何を思い浮かべたのを突き止めます。そして**テキストなら、関連する双方のページに参照ページを書く**とか、**同じ色の付箋をつける**などします。

またのちほど紹介するアハノート（一一〇頁参照）に記録しておくことも大切です。これが、新しく学んだことと既に学んだことを関連づけ結びつける、

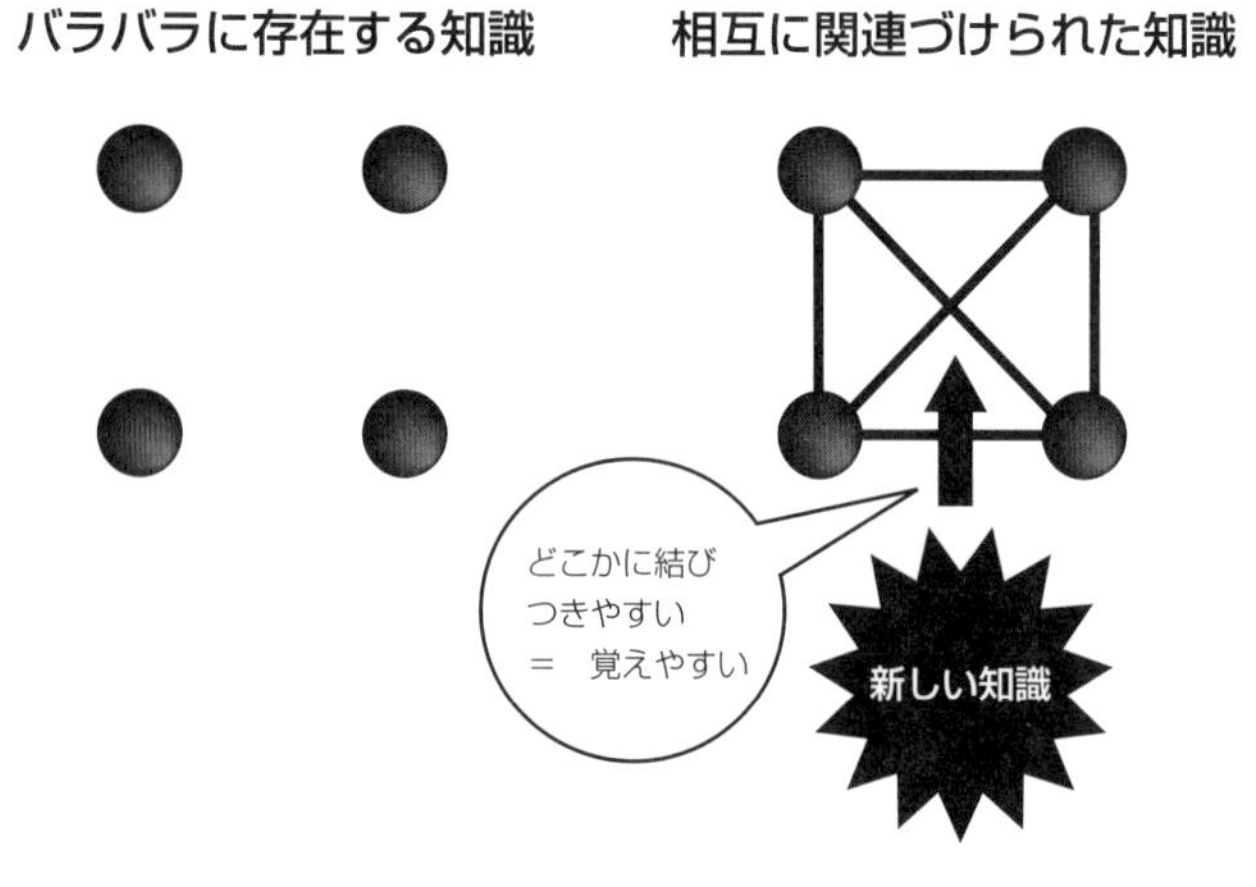

ネットワーク学習法です。

こうして新しいことを覚えて、それを既知の知識と結びつけていくと、だんだんと頭の中に思い出すためのきっかけ、引っかかり（フック）が増えてきます。すると、次の効果が期待できるようになります。

① 関連する知識が増えるので、新しい知識も覚えやすくなる
② 知識がバラバラにならず他の知識と結びつくので記憶が強化され、忘れにくくなる
③ きっかけが増えるので、想起しやすくなる

こうして知識がどんどん増殖していきます。右の図を見てください。「相互に関連づけられた知識」は、引っかかり（フック）が四つあるので、新しい知識も覚えやすく、思い出しやすくなります。一つの知識がきっかけとなって、次々と関連知識がつながって想起されるので、いわば**芋づる式の学習法**なのです。

これは、メトカーフの法則にも似ています。この法則は、ネットワークの価値は、そのネットワークに接続されたすべての端末数のほぼ二乗に比例して増加するというものです。

Part 4

毎日の学習はサンドイッチで

うろ覚えだった英文が翌日すっきりと覚えられたびっくり体験

私が中学生だったときのことです。当時、英語の授業は二〇代後半の男性教師A先生でした。A先生は、ある日、私たちにこう言いました。「明日までにこの文章を暗唱できるようにしなさい」。テキスト一ページほどの文章を丸暗記して、テキストを見ずに言えるようにせよ、と言うのです。皆いっせいに不満そうな表情を浮かべました。正直とても無理だと思いました。

「でも、そんなの関係ねぇ」とばかり、先生は翌日、一人ひとり生徒を指名しては、宿題の英文を暗唱させました。途中で詰まったりしたら、怒られるのです。こうして不満を口にする雰囲気は一掃されました。

A先生の授業では毎日、暗唱文が宿題として課されました。私は家に帰ると、英文を声にだしては、何度も何度も読みました。それでもどうしても完璧には覚えられず、もういいやと半ばあきらめ気分で眠りにつくのでした。

翌朝起きたら、また昨日覚えた英文の暗唱の続きです。するとどうでしょう。

前夜まではあんなにたどたどしかった英文がスラスラと言えるようになっているのです。

実に不思議な体験でした。

授業で指名されたとき、あんまりスラスラと言えるので、クラスの皆が感嘆の声を上げたのを今でもはっきりと覚えています。

それ以来、英語に限らず、暗記系の科目は、最初は記憶があいまいでも、翌朝にもう一度復習すれば記憶の定着度が良くなる（忘れにくくなる）という体験を次々としてきました。

どうして、そんなことになるのか、理由はおよそ次の三点に集約できます。

①声にだし、目と耳を使っている
②一度覚えたことを、あまり時間を空けずに復習している
③寝ている間も大脳は活動していて、記憶の整理をしている

実は、科学的にもこのことは証明されています。J・CジェンキンスとK・M・ダレンバ

ックは、暗記した後、すぐ寝たほうが、ずっと起きているよりも記憶が長く保持できるという研究成果を発表しています。せっかく覚えても、いったん眠ったら忘れてしまうから徹夜をしたほうがいい、などというのはまったくの誤解です。**「寝たら忘れる」**のではなく、**「寝ないと忘れる」**のです。

これが、夜と翌朝の間に睡眠をはさんだ学習法、**「サンドイッチ学習法」**です。サンドイッチ学習法の一番効果的な活用法は、その日学んだことを寝る前にほんの少し復習し、翌朝、短時間で再び見直すことです。

これが記憶の定着に抜群の効果を発揮します。

効果バツグンの予習、復習のやり方
～やればやるほど短くなる「復習時間逓減の法則」とは～

あなたがスクールに通って、講師から予習、復習が大切だと言われたとします。そのとき、あなたは、予習と復習、どちらに重点をおきますか？　私なら絶対に復習です。予習は、復習をより効率的にするためのものという位置づけです。学習にかける時間も復習のほうが圧倒的に長いです。予習はしないより、したほうがいいのは間違いありません。しかし、それはあくまでも短時間でいいのです。予習の目的は次の二つです。

①　全体像を把握する（ジグソーパズル学習法を思い出してください）。どの程度のボリュームなのか、難しいのか理解しやすいのか、といった感触をつかむ

②　わかりやすいところと、わかりづらいところを区別する。そして講義ではとくにわかりづらかったところを意識して聞く

これが、ごく普通の予習の目的です。

一方、復習の目的は何でしょうか？　それは、わからなかったところを特に重点的に学習する、というのが普通でしょう。でも、**復習の一番大切な目的は、後から行なう暗記の時間を節約すること**なのです。

ドイツの心理学者、エビングハウスの忘却曲線によれば、学習したことは、一日たてば七

割近く忘れてしまい、一週間後には八割近く忘れてしまうのです。一カ月後に記憶に残っているのは二割と、一週間後とさほど変わらないのですが、私の実感ではもっと忘れていると思います。そのまま放っておくと、すっかり忘れてしまいます。すっかり忘れてから復習しようとすれば、必ず、「えっ、こんなに忘れてたの。またこんなに覚え直すの」となります。

さらに悪いことには、最初に勉強したのと同じくらい復習するのに時間がかかるのです。これでは時間の面でも、気持ちの面でもマイナスです。しかし、復習を早めに、そしてこまめにしておくと、忘れる確率は確実に減ります。

だから、**復習は「すっかり忘れてからする」のではなく、「忘れる前にする」**が鉄則です。

左下の表をご覧ください。これは復習のやり方次第で、復習にかかる時間が大きく変わることを示したものです。

復習は、回数が増えれば増えるほど、しっかりと記憶に定着します。その結果として、その分野の**復習にかける時間はだんだん少なくて済む**ようになります。たとえば、一日に三〇個の専門用語を覚えたとしましょう。そして翌日は、忘れたものを覚え直します。それを続けていくと、復習にかかる時間はだんだん短くなっていきます。それはそうでしょう。回数が増えるたびに、覚え直す用語は少なくなっていくからです。これを名づけて、**「復習時間逓減（ていげん）の法則」**と呼んでいます。逆にすっかり忘れた頃にもう一度復習するとなると、最初に三〇個の専門用語を覚えたのと同じくらいの時間がかかるのです。

　復習の回数が増えていけばいくほど、少しずつ力がついてきた、わかってきたという充実感も伴ってきます。言うなれば、「充実感逓増（ていぞう）の法則」ですね。

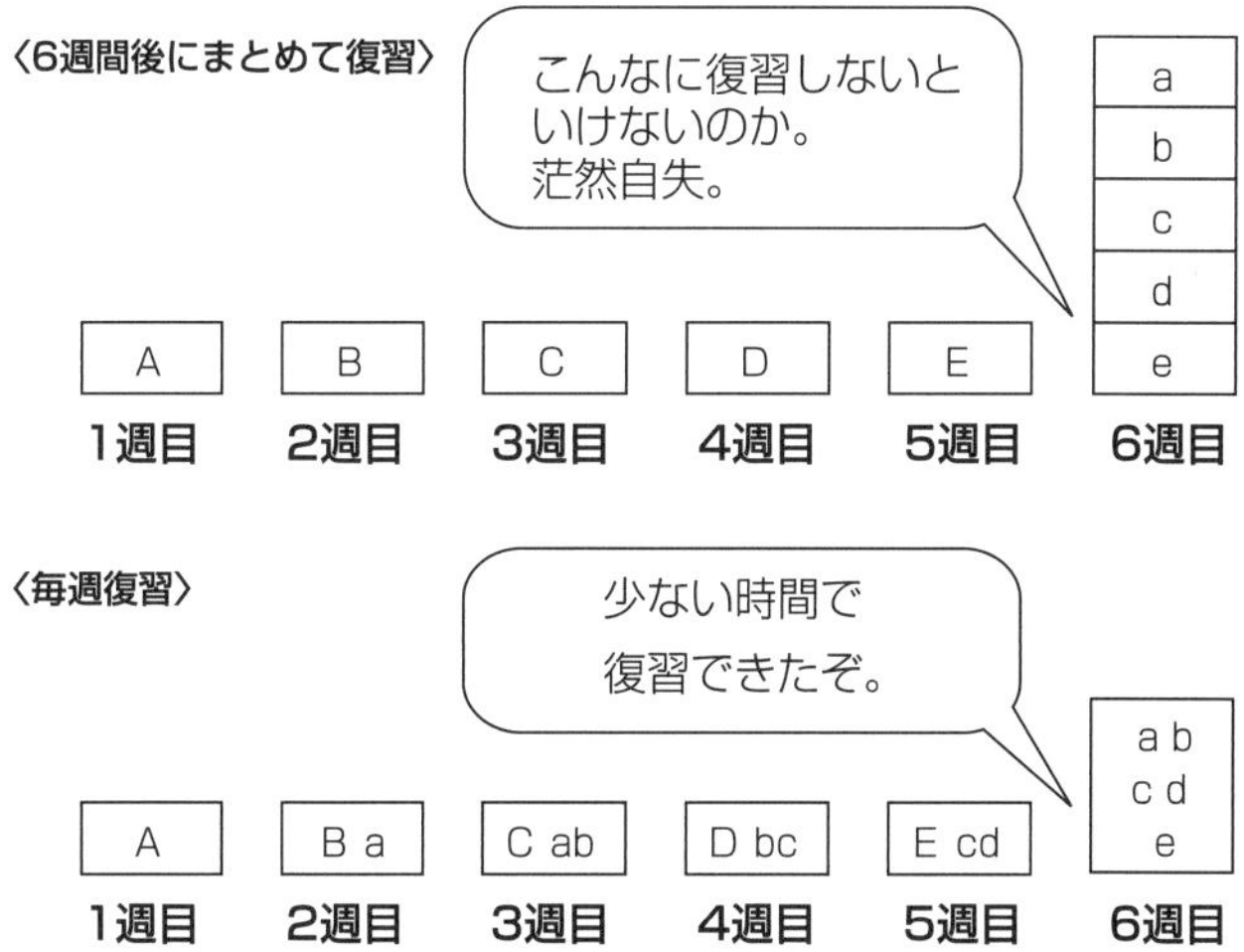

※アルファベットの大文字が新しい勉強、小文字が復習を意味しています。

すっかり忘れてしまって、「またか」という挫折感を味わうのと、「これだけ覚えた」という充実感を味わうのとでは、勉強のやる気に与える影響は雲泥の差です。

復習で大切なのは、「時間」じゃなく、「回数」と「タイミング」なのです。

想起に重点を置いたリマインド学習法

前述したように、記憶には三段階あります。それは「記銘→保持→想起」です。

「勉強」と言うと、暗記することを思い浮かべる人が多いのは、記憶の中の「記銘」、つまり覚えることだけを見ているからです。でも、試験で問われているのは「記銘」ではなく、「想起」すること、すなわち思い出すことです。

「それなら、問題集をやればいい」と単純に考えないでください。確かに、問題集で「想起」の練習をするというのが一般的な方法ですが、もっと別のやり方もあるのです。それが、私が命名した**リマインド学習法**です。これは**問題集に頼らない、「想起」の訓練法**です。

普段の生活で、こんなことがありませんか?

あれっ、あの人、誰だったかな? 顔は覚えているけど名前が思い出せない。そして、いろいろと記憶を辿っていくうちに、あっそうかと思い出す、そんな経験です。あるいは、ときどき思い浮かべるだけで、次第に記憶に定着しているという経験もあるのではないですか。それを勉強に応用するのです。

リマインド、つまり意識的に思い出すのです。

用意するのは、紙と鉛筆、あとはテキストの目次（のコピー）です。

やり方は簡単です。

テキストの目次の項目から思い出すことをできるだけ紙に書いていきます。

すると、理解できているところと、理解があいまいなところがあることに気づくはずです。

ひと通り書けたら、テキストと見比べてください。漏れや記憶違いのところはありませんか？　漏れているところ、あいまいなところ、記憶の薄いところがあれば、そこを重点的に勉強し直せばいいのです。

リマインド学習は、試験で問われる「想起力」を鍛える勉強法で、最大の特徴は教材がなくてもでき、なおかつ、どこでも簡単にできることです。揺れる列車の中など、テキストを読んでいると気分が悪くなるという人には、リマインド学習はおすすめです。

あまり大きな声では言えませんが、たとえば退屈な会議では、ノートを広げて、学習した内容を思い浮かべ、それを書きだしてみましょう。それだけで、記憶の強化や想起の訓練ができますし、あいまいな点を発見することもできます。そうすれば、退屈な会議も充実した時間（?）にすることができます。

Part 5

問題集の活用の仕方で合否が変わる

問題集を有効に活用するための六つの方法

試験でいい点を取るには、覚えていることを、問題の形式にそって正しく想起（思い出す）することです。

ところが、覚えたつもりでも、想起できないことがあります。これまで何度も言ったように、「想起」と「記憶」は違うからです。せっかく覚えたことも想起できなくては得点になりません。

先に、「アメリカの首都はどこ?」という問題と、「ワシントンはどこの国の首都?」という問題を取り上げましたが、このように、知っている、記憶しているつもりでも、問い方一つで正答率が大きく変わってきます。

問題集をやる一つの意味は、こうした問い方のバリエーションに慣れることです。要するに、どういう問い方をされても、正しい答えを想起できるよう訓練するということです。

そこで、問題集のいい使い方の例を次の六つのポイントにまとめてみました。

①問題集の学習計画は、「時間」ではなく、「問題数」「ページ数」で立てる

過去問題集を買ってきて、それが一〇〇問の問題集だとしたら、一日一時間勉強するとして、いつ頃終わりますか？　すぐには計算できませんね。

しかし、仮に一日五問解くと決めたら、二〇日で終わると計算できます。

また、たとえば一〇日間で問題集を終えると計画すれば、一日一〇問解けばいいとわかります。

こう考えれば、**学習計画で大切なのは「時間」じゃない**ということがおわかりいただけると思います（詳しくは第四章参照）。

②早い段階からはじめる

まだうろ覚えの段階だから、問題集をやるには早すぎる、と言う人がいます。でも、問題集はテキストによる学習がはじまった段階で、それと並行して開始するくらいでちょうどいいのです。

なぜなら、どういう問題が出題されるのかを知ることで、テキストの読み方も意識も変わるからです。**最初の段階で問題集をやる意味は、**正解できるかどうかではなく、**どんな問題**

が出題されるのかを知ることにあるのです。つまり、**早い段階では、問題集を「解く」のではなく、「読む」くらいの気持ちでいい**のです。

こういう問題が出題されるのなら、テキストはこのあたりを注意深く読んだほうがいいなといった『勘』が働くようになるからです。

③ 最初は質より量を重視する

問題はできるだけたくさんやったほうがいいです。問題数に比例して力がつきます。高校野球で言えば、甲子園を目指して練習試合を重ねるのと同じです。まずは、量をこなすことです。なぜなら、**最初は何が良問であるとか、自分にとってどんな問題が苦手かなどの判断ができない**からです。しかし、量をこなすうちに、こうしたことがだんだんとわかってきます。そして、やがて質を重視して絞り込んで取り組めるようになっていきます。

量をこなすためには、**テキストは一冊でも、問題集は数冊あっていい**のです。

④ 取り組んだ日付、出来具合を記録に残す

ある程度学習が進んでからの問題集は、わかっていることとわかっていないこと、うろ覚

えなところ、あやふやなところの区別をすることに使います。もう一度やるべき問題なのか、その重要度を、○　△　×といった記号で印をつけるのもいい方法です。△から○に変わっていくということは、あやふやな知識が確かな知識に変わる瞬間です。達成感を感じる瞬間でもあります。

また**問題に取り組んだ日付は必ず書く**ようにします。いつやったか、何回やったのかをわかるようにするためです。これで復習のタイミングの目安がわかります。

⑤中レベル以上の問題で正解したときの達成感、充実感を味わう

簡単に正解できるようなやさしい問題をいくらやっても得点力はつきませんし、やがて飽きてきて達成感もありません。

かといって、難しすぎる問題をやっても自信を喪失し、挫折感だけが残ります。これではやるだけ時間のムダで、途中で勉強を諦めてしまう危険性もあります。

できたり、できなかったりという具合に、中より少し上のレベルの問題が徐々にできるようになってはじめて得点力がアップし、達成感も味わえるのです。だから、何度かやってできたり、できなかったりする問題を重点的にやるようにしてください。そして、できるよう

になったら、しばらくやめればいいのです。

解答を間違えるのは歓迎すべきです。自分の弱点がわかるからです。また、間違えることによって、記憶に残るという効果もあります。間違えたからとがっかりするのではなく、「良かった、本番でなくて」と考え、むしろこれで得点力がアップしたと喜ぶべきです。

このように問題集のやり方次第で、「やる気」は上がりもするし、下がりもするのです。

⑥テキスト代わりに使う

テキストではわからなかったことでも、問題を解いてはじめて理解できることがあります。また、わからない問題でも、解説を読んで理解できることもあります。

わからない問題は、さっさと解答・解説を読みます。そのほうが時間の節約になります。資格試験の問題は、考えてできるものじゃなく、知っているか、知らないかが問われることが多いからです。

先に述べたように、考える時間のムダを省くため、問題を「解く」ことばかりにとらわれず、「読む」ことも意識してみてください。

問題集の選び方、そしてもう一つの上手な活用法

テキストについてはどれもあまり大差がなく、項目の構成や並び順もほぼ似ています。なぜならば、「理解」（インプット）していく道筋は大体決まっているからです。これに対し、問題集は編集方針に特徴があります。「でる順」とか「レベル別」、「科目別」、「過去問」など、各社様々です。

それは、問題集の役割が、「想起」（アウトプット）させることにあるからだと思います。想起の練習のためには、いろいろな問題にあたって、必要な知識がきちんと引きだせるかチェックしたほうがいいのです。テキストは一冊、でも問題集は何冊かあったほうがいいというのはそのためです。

問題にあたってみて、難しいなと感じたら、もう少しやさしい問題からはじめればいいのです。難しい問題ばかりやっていると、挫折感が強くなるからです。

本試験までの学習時間が少ない人は、テキストをじっくり読みこなす時間がありません。

時間がない人には、短期間に合格までの実力を引き上げるために、解説が詳しい問題集をテ

キスト代わりに使うことをおすすめします。テキスト兼問題集として活用するのです。時間がない、だけどとにかく得点力アップしたいという人は、テキストより問題集をやることです。

そして、ある程度学習が進んだ段階では、問題集をページや科目にこだわらず、ランダムにやってみることをおすすめします。そうすることで、いろいろな問題に対応するチカラが短期間につきます。これがシャッフル問題集としての活用法です。

そして、意外な弱点を発見したら、その都度、対策を練ればいいのです。短期間で得点力をアップさせ、実戦的なチカラをつけるにはこの方法がもってこいです。

Part 6 ノート・付箋の使い方

「あれっ」とか「ムムッ」ときたら、アハノート

勉強をはじめた頃は誰もがみんなやる気満々です。

そんなときは、何でもやってやろうという気持ちになっています。たとえばサブノート。ノートに整理することを悪いと言う人は少ないので、多くの人がせっせとやります。ところが、丁寧に作ろうとするあまり、それが勉強じゃなく単なる作業になったり、きれいに作るのが目的となったりします。そしてせっかく作っても、それですっかり安心や満足をしてしまい、案外、見返したりはしないものです。

どうして見返さないのでしょうか？

その理由はズバリ、見返す必要がないからです。**テキストにも書いてあり、自分でも、今となっては、もうとっくに理解している内容になっているから、見返さないのです。**わかっていることをわざわざ書き写しただけのサブノート、これではせっかく作っても、見返すはずがありません。

ノートは作らずに、全部テキストに書き込めばいいと言う人もいます。もちろん、テキストに書き込んで済むことはテキストに書けばいいのです。そのほうがずっと効率的です。前にも述べたように、私もそうしています（六七頁参照）。

でも、これからお話しする内容は、テキストに書き込むにはちょっとなじまないものです。それをノートに書きます。

ノートを作る目的、それは後から見返すためです。後から見返したくなるノート。それには二つあります。

一つは、**「あっ、そうか」とか、「わかった！」**というその「瞬間」の記録です。今まで頭の中でモヤモヤとしていたことがスッキリとした瞬間、その瞬間を記録するのです。「あれっ」とか「ムムッ」とくる、その瞬間です。

「瞬間」ですから、ふと思いつくアイデアと同じで、すぐに記録に残しておかないと忘れてしまいます。

たとえば、労働基準法の適用には属地主義という原則があります。私は最初、この意味がよく理解できませんでした。属地主義というのは、「日本にある企業なら、外国企業の日本支店でも、日本企業の外国人でも、すべて、日本の労働基準法が適用される」という意味です。このことがわかったときが、私にとって、まさに「あっ、そうか」という瞬間だったのです。

この「瞬間」の記録を、私は**「アハノート」と呼んでいます。**

「アハ」とは脳科学の用語で、わからないことが突然ヒラめいてわかったときに脳は快感を覚える、その状態をアハ体験と言います。そして、アハ体験をするときに脳が活性化すると言われています。

ドーパミンが分泌され、快感から、やる気につながるとも言われています。

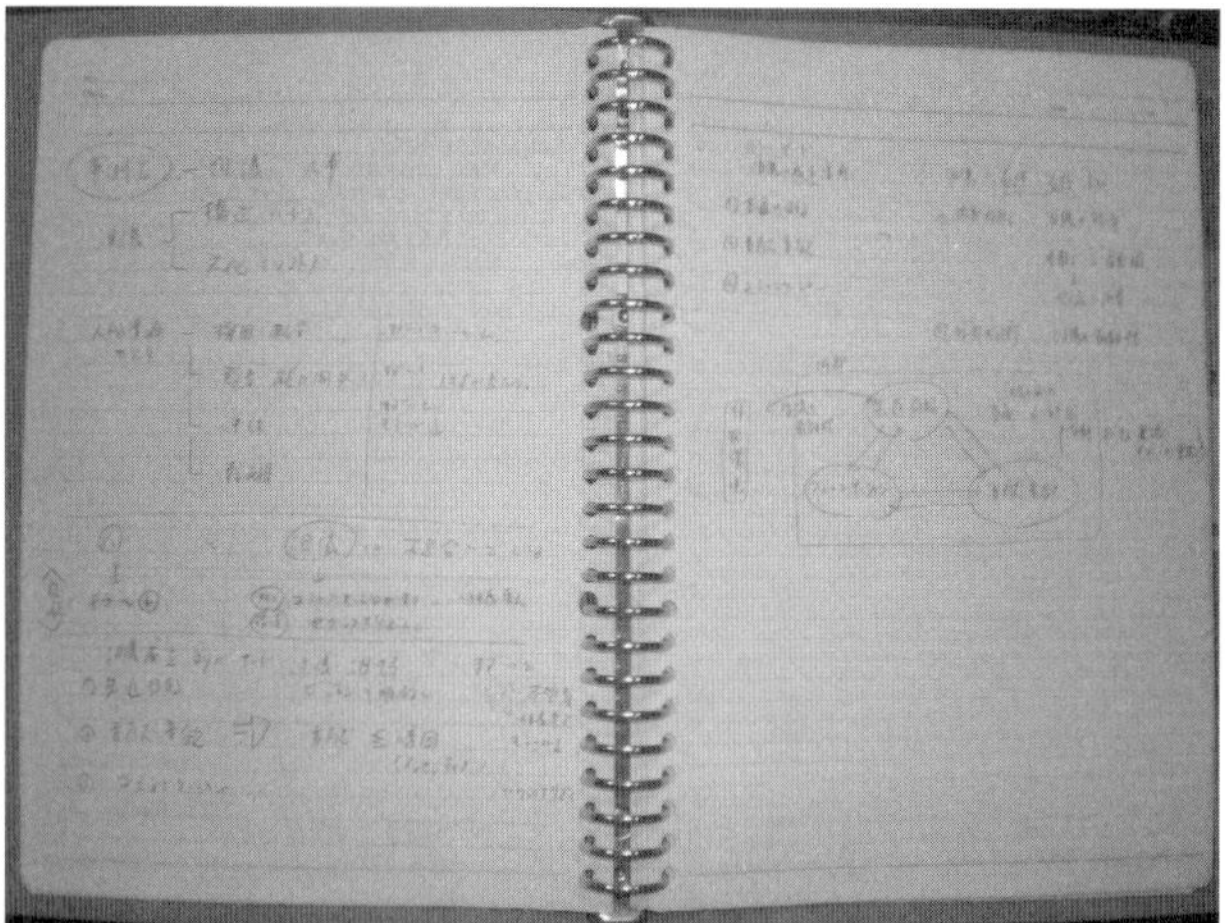

アハノート　清書はせず、書きなぐったノートです。
記憶ができたら、捨ててしまえばいいのです。

わかったという瞬間の記録は、絵でも図でも表で表わしてもかまいません。**わかったことを絵や図表に置き換えることでビジュアル化され、全体像がはっきりします。**書きなぐった字でもかまいません。決して清書しないことです。清書したら、アハ体験のリアルな瞬間の記憶が消失してしまうからです。「わかった」という瞬間の記録は、あなたの脳裏に強く残ります。

それがあなただけのオリジナルの「気づきノート」となります。自分に一つ力がついたという達成感や充実感を味わうときでもあります。これは「やる気」を高める上でも大切です。

もう一つ記録しておきたいもの、それは「予感」です。テキストを読んでいて、**「これは、このままにしておくと後で紛らわしくなりそうだ」とか、「このままにしておくと後で知識が混乱したり、曖昧になりそうだ」とか、「これは前に書いてあったものと似ている、あれと関連づけたほうがよさそうだ」**といった「予感」を記録しておくのです。

こうした予感をそのまま放置しておくと、後で問題をやったときに、必ず「あれっ、どっちだったかな」と迷います。

だから、後で「迷い」や「不安」のもとになりそうなものにあらかじめ目をつけ、ノートに書き写しておくのです。

たとえば、社労士試験の科目の一つ、労働基準法の「労働条件通知書」と「就業規則」は項目がとてもよく似ています。似ていますが、微妙に違います。そのわずかな違いをきちんと押さえておかないと、後で「迷い」が生じます。

賃金に関することで言えば、賃金の決定、計算、支払いの方法などは、両方に共通の書面記載必要事項です。しかし、「昇給」に関する事項だけは、「就業規則」では書面に記載すべき絶対的必要事項なのに対し、「労働条件通知書」では書面記載が求められていないのです。

実は、こうした問題は、本試験の直前まで見ておきたい候補なのです。

この点については第六章で説明しますが、試験直前期には、ぎりぎりまで見返しておきたい教材が必要になります。その際には、コンパクトにまとめた「予感集」が威力を発揮します。

アハノートは、社会保険労務士など、複数の科目からなる試験では、科目横断的な知識が得られるので、前述した**ネットワーク学習法**（九二頁参照）の観点からも有効です。

また、どことどこが結びつくか、その時点では判断しづらいので、ノートに書き込むのではなく、どんどん頁も追加しやすく、後で移動や着脱しやすい**ルーズリーフを使うといい**でしょう。そして、たっぷりと余白を取っておいてください。後から追記しやすくなるからです。

付箋の上手な活用法

付箋にはいろいろな機能があります。それを上手に活かせば、勉強の効率を格段に高めることができます。そんな私のやり方を紹介します。

付箋の特徴&活用法

① しおりとして使う

これが普通の使い方です。「次はここから勉強をスタートする」といった目印に使えます。

② 色がカラフル

色で分類し、それぞれの色に意味を持たせることができます。

たとえば、「とくにわかりにくい」ものはピンク、「ややわかりにくい」ものはイエローといった具合に、**付箋の色に意味を持たせることで、自分にとってわかりづらい箇所のランクづけもできます。**そうすれば、後でわかりづらいものから優先的に復習することができます。

③ 書ける

メモとして、ポイントを記入します。

とくに気になる箇所には、付箋にメモしてテキストに挟みこみます。こうしておくだけで、後から見返しやすくなり、何が気になるのかもすぐわかり効率的です。

④ 貼れる

付箋を貼る「位置」で一つの意味を持たせることができます。たとえば、別のページの同じ位置に貼った付箋は、双方のページに関連性があるという意味を持たせることができます。テキストの双方のページに「●●ページに関連あり」と書きましょうと前述しましたが、実はそれだけでは足りません。そのページに行かないと、相互の関連性がわからないからです。

その点、**付箋を使えばテキストを閉じても、関連ページがひと目でわかる、「関連性の見える**

化」ができます。関連性をつないでいくネットワーク学習にも、有効なテクニックです。

⑤ はがせる

理解できたこと、もう重点的に見る必要のなくなったページから付箋をはがしていけば、**少なくなる付箋を見ることで、勉強が進んでいるという達成感や充実感が得られます。**

第4章

計画の正しい立て方

Part 1

学習計画を立てよう

計画は「週」単位で日替わりメニュー

多くの受験者は、学習の途中で必ずこう思います。「このままで本当に大丈夫なんだろうか」「このままで合格できるんだろうか」と。

こうした**不安を解消するのは、計画どおり進めていけば合格できる、という確信です。その確信の裏づけとなるのが正しい学習計画です。**この計画を守っていけば、目的地（合格）までいける、そう確信できる計画を立てるのです。学習計画は、あなたを合格へ導くナビゲーターの役割を果たします。それではさっそく学習計画の立て方についてお話しします。

いきなりですが、回転寿司をイメージしてください。

ひと回りすると同じ寿司がやってきます。これを学習計画に置き換えると、寿司の代わりが「科目」です。

つまり一定期間経つと、また同じ科目を勉強するように計画するのです。

ここで言う、一定期間とは「一週間」で、科目は「日替わり」にします。ヒントはスーパーマーケットです。スーパーマーケットは、たとえば、月曜日は魚の日とか、火曜日は肉の日といった具合に、曜日によって「売りだし品」が決まっています。これを学習計画に応用し、曜日ごとに別の科目を勉強するようにするのです。

なぜ、「一週間単位&日替わり科目」にするのでしょうか。その理由は次の四つです。

①少なくとも一週間に一回はその科目を学べるので忘却を防げる

せっかく覚えたのに、「忘れてしまった」という失望感、挫折感はやる気を下げてしまいます。逆に、着実に記憶が定着しつつあるという実感、達成感はやる気を維持・向上させます。そのために、**すべての科目について一週間に一回は知識のメンテナンス（覚えているかの定期点検）をする機会を学習計画に組み込む（ビルト・イン）**のです。それが忘却防止、やる気の維持・向上にとても有効なのです。

②すべての科目をまんべんなくやることで、苦手科目を作らない

合格の秘訣の一つは得意科目を伸ばす「長所伸展法」ではなく、苦手科目をなくし、それなりのレベルまで引き上げる「弱点補強法」です。「得意科目を伸ばせば、苦手科目を克服できる」と言う人もいます。でも本当にそうでしょうか？　得意科目をいくら勉強したところで、苦手科目の知識は増えません。**苦手科目が苦手になっている理由、それは苦手科目にかける時間数が絶対的に足らないからです。**ですから、苦手科目を嫌でも勉強する仕組みを強制的に学習計画に組み込んでやらないと、いつまでも苦手から脱出できません。

苦手科目に時間をかけると、得意科目に同じ時間をかけるより得点アップ効果は高くなります。その意味でも、苦手科目は積極的に学習計画に組み込む必要があるのです。

③ 気分転換になる

ずっと同じ科目を学習していては退屈します。飽きてきます。また、苦手科目ばかりやっていると気分が滅入ります。集中力を維持するためにも、科目は組み合わせたほうがいいのです。

④ 他の科目を勉強することによって、その科目だけでは気づかなかったことに気づいたり、わからなかったことがわかったりする

とくに複数科目で構成される試験の場合は、科目ごとに相互に関連している部分があります。そのため、一つの科目の学習だけでは気づかなかった点や理解できなかった点が、他の科目の学習で鮮明になることがあります。

上手な学習計画例　悪い学習計画例

以下に学習計画の例を挙げてみましたのでご覧ください。

新しい科目はインプット中心で、とにかく、前へ、前へ進めていく、**「前進学習」**です。いっぽう既に学んだ科目は、復習（暗記）中心なので、**「轍（わだち）学習」**と呼んでいます。これは、一度、車の通った跡を繰り返し通るイメージで命名しました。何度も何度も通った跡ほど、くっきりと車輪の跡が残ります。記憶も同じです。

学習を進める際には、**どんどん前に進んでいるという達成感を味わえる「前進学習」と、理解が進んできたという充実感を味わえる「轍学習」のバランスが大切**です。

土曜日を予備日としているのは、万一、予定が遅れそうになった場合に、ここで遅れを取り戻そうというわけです。もし順調に進んでいれば、この土曜日でさらに前へ進めます。これが、ゆとりや充実感をもたらし、焦りの解消や、やる気の向上につながります。

また休日（計画例では日曜日）はまとまった時間がとれる日です。ふだん忙しくてこま切れ時間しか使えない人にとっては、貴重な日です。その週の復習を中心に、気になっている点、不安な点、やりたかったけどやれていない勉強を行ってください。午前か午後、どちらかに集中的にやったほうがいいと思います。残りの半日はオフとして、気分転換や疲れを癒すといいでしょう。

「けりをつける」という言葉があります。その週までのやり残し課題を休日に一掃できれば、気持ちもスッスリ、やる気も自然と高まります。

次頁からの学習計画には二つのポイントがあります。一つは、計画が中期の段階に入ると、複数の科目をまんべんなく学習するようになっていることです。

もう一つは、計画を「時間」で区切るのではなく、学習する「項目と量」で区切っていることです。

★上手な学習計画例（初期の段階　社会保険労務士試験の例）

学習をはじめたばかりの頃は、科目数が少ないので、学習計画は次のような感じになります。中期の段階（次頁参照）のものと比較すると、その違いがおわかりいただけると思います。

	前進学習	量	轍学習（復習）	量	毎日必ずやるもの
月	雇用保険	第1章	労働基準法	第1章	労働一般常識
火	雇用保険	第2章	労働基準法	第2章	労働一般常識
水	雇用保険	第3章	労働基準法	第3章	労働一般常識
木	雇用保険	第4章	労働基準法	第4章	労働一般常識
金	雇用保険	第5章	労働基準法	第5章	労働一般常識
土	予備日				労働一般常識
日	その週の復習		半日はオフ		労働一般常識

★上手な学習計画例（中期の段階　社会保険労務士試験の例）

（注）左の表は中期の学習計画例ですので、完全な日替わり状態にはなっていませんが、後期になると完全な日替わり状態となります。（一六六頁参照）

	前進学習	**量**	**輸学習（復習）**	**量**	**毎日必ずやるもの**
月	厚生年金	第1章	労働基準法	テキスト再読	選択式問題集
火	厚生年金	第2章	労災・安衛法	問題集	選択式問題集
水	国民年金	第1章	健康保険法	テキスト再読	選択式問題集
木	国民年金	第2章	雇用保険法	テキスト再読	選択式問題集
金	社会保険常識	第1章	労働一般常識	問題集	選択式問題集
土	予備日				選択式問題集
日	その週の復習		半日はオフ		選択式問題集

ちなみに、悪い学習計画は次のような具合です。

★悪い学習計画例

時間	内容
六時〜七時	勉強
七時三〇分	出勤
八時〜一九時	オフィス
一三時〜一四時	勉強
一九時三〇分	帰宅　食事　入浴
二二時〜二三時	勉強

違いは一目瞭然です。右のように「時間」で計画を立てるのは、仕事をしながら勉強する人には難しいものです。急な予定が入ったりして、計画が狂いやすいからです。

この点をもう少し詳しく示すと、次のようになります。

正しい学習計画　四つのポイント

①「時間」ではなく、**「項目」と「量」（●ページとか●章とか）で計画する**

②**科目を組み合わせ**ている
③**「毎日これは必ず勉強する」**というものを決めている
④**週間単位で計画**を立て、その中に**予備日を設定**している

③の「毎日必ずやることを決めている」目的についてもう少し補足説明しておきます。それは次の三点です。

・学習を習慣化できること。何があってもこれだけはやるという習慣化のため
・毎日見ていれば忘れないという、忘却防止と記憶の定着のため
・少しずつでも覚えていっている、記憶が定着している、という充実感を味わうため

とくに充実感を味わうことが、やる気の維持、挫折防止にはとても有効なのです。

「毎日やること」の選び方のポイントは、短時間で（たとえ一分でも）できるもの、その勉強に手をつけるのにあまりストレスを感じないものがいいと思います。具体的には、一問一答式の問題集とか、専門用語の暗記などがいいでしょう。そして、どんなに忙しくても、疲

れていてもこれだけは必ずやるのです。勉強をまったくしない日を、絶対に作らないことです。

次に、この正しい学習計画四つのポイントの中から、予備日の設定や科目の組み合わせについて詳しく説明します。

学習計画を継続的に実行する

10 予備日の設定と前倒しの実行が心に「ゆとり」をもたらす

張り切って学習計画を立てたのに守れない、やっぱり意思が弱いんだ……。

計画が守れないと、このように自分を責めてしまう人がいます。

でも、本当にあなたのせいでしょうか？

あなたが悪かったのではなくて、計画自体がまずかったのではないでしょうか？

計画そのものを見直すことで、気持ちの持ち方が変わるとしたら、あなたはどっちを選びますか？

計画作成のポイントは、ずばり、一瞬の隙もないような、ぎゅうぎゅうのスケジュールで組むのではなく、無理のない計画を作り、それを「前倒し」で実行することです。

つまり、計画の進捗が予定より速い（順調に進んでいる）くらいでちょうどいいのです。

このように言うと、「それでは計画を立てる意味がないじゃないか」と思う人がいるかもしれません。

でも、大切なのは、計画よりも「前を行っている」という実感です。

計画より「遅れている」という感覚があったり、なんとか計画どおりに運んでいるけど、少しでも予定が狂うと、一気に崩れてしまいそうなギリギリの計画では、心に余裕がなくなります。そして、それがやがて挫折の引き金になりかねないのです。だったら、少々ゆるいくらいの計画のほうがいいのです。それを確実に実行していけば、**予定より速いペースでこなしていけるようになります。そして、心に「ゆとり」が生まれ、順調に進んでいるという「自信」や「充実感」を感じられるようになります。**

モデル学習計画（一二五頁参照）例では土曜日は予備日としています。

急な予定が入って、その週の計画が遅れた場合に、予備日に遅れをカバーします。この**予備日があれば、まさかの遅れをその週のうちに取り戻すことができます。**こうした調整が心のゆとりを生むのです。

集中力を維持するための「科目組み合わせ法」

学習計画を立てる際には、できるだけ複数の科目を組み合わせたほうが効率的です。

その理由は次の三つです。

①「飽き」を防ぐ

同じ科目をずっと続けると、誰でも飽きてきます。飽きを防ぐためには、できるだけ異なる科目を組み合わせたほうがいいのです。

【例】

暗記中心の科目　＋　理解中心の科目

社労士なら、社会保険　＋　労働基準法

中小企業診断士なら、企業経営理論　＋　財務会計

英語なら、リスニング　＋　熟語の暗記

②学習のリズムを作る

誰でも勉強をはじめるのが億劫に感じるときがあります。そのようなときは、好きな科目からスタートするようにしましょう。

好きな科目からはじめると、抵抗感なく勉強がスタートでき、リズムを作りやすくなります。

③時間を有効に使う

まとまった時間に学習したほうがいい科目と、こま切れ時間に学習したほうがいい科目があります。それを左のマトリックスのように組み合わせると、効果的な学習ができますし、時間を有効に使えます。

	疲れているとき	冴えているとき
まとまった時間	問題の切り貼りなど作業的なもの	新しい分野・科目のテキストを読む
こま切れ時間	暗記中心	過去問など問題集を解く

似たような科目を続けて学習していると、飽きてくるだけでなく、覚えにくく、知識が混乱しやすくなります。異質なものを組み合わせたほうが気持ちの切り替えもでき、記憶の定着も良くなります。

10 1 2 3 4 5 6 7 8 9 10 11 12 13 14 15 16 17 18 19 20 21 22 23 24 25 26 27 28 29 30 31

試験にはせっかちで大雑把だけどこまめな人のほうが向いている

せっかちと言われると、短気で気ぜわしく、なんだかちょっと嫌な人、というニュアンスが感じられます。でも、資格試験は短期決戦、時間との勝負です。まして仕事をしながらとなると、使える時間には制約があります。だから、なんでもテキパキ、さっさとやるせっかちな性格のほうがいいのです。せっかちな人は、先へ先へと前に進もうとします。たとえば、テキスト三回転通読法も、一回目はいちいち立ち止まらず、とにかく読み終えることを最優先していますので、せっかちな人には向いている学習スタイルと言えます。

一方、理解しながら、じっくりと落ち着いて取り組みたい人には、少し違和感があるかもしれません。しかし、意外に思うかもしれませんが、**試験に落ちる人ほど神経質なくらい完璧主義なのです。**一つつまずくと、そこでずっと立ち止まり、考え込んでしまいます。満点を目指そうとする意識が強すぎるのです。

ジグソーパズル学習法（五八頁参照）で説明したように、資格試験の学習では、まずは全体像を把握することが大切です。細かいことにはこだわらず、「丁寧にじっくり」よりは、「大雑把で粗く」です。これで、だいたいのことを理解するのです。きっちり理解するということを犠牲にしてでも、まずはひと通り終えることで、達成感を味わうのです。丁寧にやろうとしすぎて、内容がわからずストレスを感じるのと、どっちがやる気になるでしょうか。

社会保険労務士試験の科目の一つ、労働基準法には、「労働条件通知書」というものがでてきます。その中では書面にて通知すべき内容を覚えなくてはなりません。これは、通常、その後からでてくる、「就業規則」の中の絶対的必要記載事項と非常に似ています。こうしたことは、初学者にとっては、先に進まないとわからないのです。

ですから、とにかく前へ進みましょう。前へ進めばわかるのです。

学習計画のところでお話ししたとおり、ポイントは**学習計画の前倒しの実行**です。とにかく**前に進んでいるという実感がやる気の維持に好影響をもたらします。**

ペンキ塗りの作業をイメージしてください。

ペンキ塗りは「下塗り」と言って最初に全面を粗く塗ります。その後、何度も重ねて塗り上げ、最後に「タッチアップ」と呼ばれる細かい手直しをします。

ペンキ塗りの作業は、少しずつ少しずつではなく、最初から全範囲を粗く塗り、そしてだんだん丁寧に繰り返し繰り返し塗っていくのです。

勉強も同じ要領です。「最初は、少しずつ」ではなく、**「最初から粗くても全体を」**、それを**「何度も繰り返す」**、これが基本です。

もちろん、大雑把だけで終わってはいけません。

テキストを読み進む過程で、気づいたこと、わかったことは、テキストに書き込んだり、問題集で出来具合を記録したりするなどこまめな努力は必要です。

第5章

やる気を高め、維持する方法

Part 1

せっかくはじめても続ける自信のない人へ

二日の法則とは

資格試験に限らず受験準備期間が一年くらいの長丁場になってくると、最初はやる気満々だった人でも脱落することがあります。その主な原因は「飽き」と「挫折」です。「もう勉強に飽きてきた」とか、「復習テストや模擬試験の結果が思わしくない」「成績が伸びない」などの挫折感を味わうからです。

はっきり言いましょう。

「やる気は時間の経過とともに誰でも自然に下がります」

これは、いわば自然現象です。そこからどうやって立ち直るのか、それが合否を分ける一つのポイントになります。本章では、そうしたメンタル面でのハードルをどう乗り越えるのか、そのノウハウについてお話します。

〈社会保険労務士試験オフィシャルサイトより〉

	平成16年	平成17年	平成18年	平成19年
受験申込者数	65,215	61,251	59,839	58,542
受験者	51,493	48,120	46,016	45,221
受験率	79.0%	78.6%	76.9%	77.2%

まずその前に、勉強をはじめることすらできない人に向けての話からスタートです。

受験しようと資格スクールへ申し込んだけど、結局続かず通学を断念。そんな人が身近にいたら、自分も続けられそうにないと、受験勉強を諦める人がいます。上の表をご覧ください。

これは社労士試験の受験者のデータです。

実に二割以上の人が申し込んだのに、受験していないのです。「そんなに多いのか」と感じたのではないでしょうか。

資格を取りたいと思っている人にとって、どうしても乗り越えなければならないハードルが二つあります。

一つは、**「はじめる」ということ**、二つ目は、**「続ける」ということ**です。

「二一日の法則」という言葉を聞いたことがありますか？　これは、物事を三週間続けたら、一つの「習慣」になるという法則です。

二一日続ければ、朝早く起きることも、毎日必ず勉強することも習慣になります。だから、せっかく勉強をはじめたのであれば、まずは二一日間続けて「習慣」化することです。習慣化すれば楽になります。勉強をはじめた初期段階は、専門用語に面食らい、当初の意気込みも腰砕けになりそうなときもあるでしょう。

でも、はじめての勉強に、「わからない」「難しい」は当たり前です。ここを耐えると、後でわかるようになってきて、前へ前へと進んでいけるのです。**だからこそ、最初が肝心なのです。**

まずははじめたら、絶対に途中でやめないこと。何が何でも続けていく、その気概が肝心です。

途中で投げだすことがなくなる、もう一つの方法

勉強も習慣になってしまえば、案外楽なものです。楽になれば続けられます。合格する人と不合格で終わる人の差は、正しい勉強法で勉強するクセが「習慣化」されたかどうかで決まってくると言ってもいいでしょう。

では、勉強を習慣化するにはどうしたらいいのでしょうか？

そのコツの一つは、**毎日、決まった時間に、決まった場所で、決まったことをやる、**ことです。

それを日々の生活スタイルの中に取り入れるのです。

今、あなたの一日を振り返ってみてください。

毎日ごく普通に繰り返している行動があるはずです。食事、トイレ、入浴、睡眠、通勤……。今日は食べるのをやめておこうとか、寝るのをやめようなどとは考えませんね。

こうした毎日の活動の中に、ごく自然に勉強する仕組みを組み入れてみましょう。

トイレの中、通勤電車の中、睡眠の前後、食事の前後……**ふだんの習慣化された活動と一緒にやる勉強なら、毎日、決まった時間に、決まった場所で、決まった時間だけ学ぶことができます。**それをある程度続ければ習慣になります。

一二三頁で説明した学習計画の中に「毎日必ずやるもの」を組み込むのも、学習を習慣化させるためなのです。

もう一つのコツは、**例外を絶対に作らないこと**です。毎日やっているからこそ、「習慣」と呼べるのです。たまのお休みだからとか、今日は疲れたからとか、お酒を飲んだからなどといって、勉強しないという例外を作らないようにしてください。

たとえ一分でもいいので、勉強しておくことって大切です。

もし仮に、一日でもサボってしまったという日ができると、罪悪感や挫折感や焦りが生まれ、最悪の場合は勉強をあきらめてしまうということになりかねません。

やる気に灯をともす二つの方法

突然ですが、レモンをかじったときのことを想像してみてください。

唾液がでますね。食べていないのに。なぜでしょうか？　それは、脳が鮮明にイメージできたものと、現実のものを区別できないからです。要するに脳はだまされているのです。

居食屋チェーン「和民」などを経営するワタミ株式会社の渡邉美樹社長が面白い体験を紹介しています。それは、二六年間吸っていたタバコをピタリとやめた、その方法です。

自分の楽しみにしていたものをやめるとなると、ガマンする、辛抱するなど、何やら「苦しい」というイメージがあります。ところが渡邉社長の方法はまったく逆なのです。タバコをやめたらどんないいことがあるだろうかとイメージしたのです。
そして、それを次のように具体的に書きだしたのです。

・ご飯がおいしく食べられる
・健康になる
・タバコをやめた分だけ小遣いが増える……

こうして、いいことばかりノートに書きだしていくと、だんだんワクワクしてきます。ワクワクするまで書きだすのです。そうなってくると、早くやめたくなってうずうずしてきます。こうしてタバコをピタリとやめたのだそうです。ワクワクする感じ、つまり、「感情」を利用した、というわけです（参考文献：『寝る前の15分！　渡邉美樹ワタミ社長が成功するためにしている3つの習慣』　あっぷる出版社　田村孝著）。

人が何か新しい行動を起こすとき、このワクワクするような「感情」を上手に引きだしてやればいいのです。行動したらどんな楽しい結果をもたらすのか、どんな得をするのかなど、具体的にイメージすればするほど、行動へのエネルギーも湧いてきます。**勉強するときに、苦しいと考えるより、試験でいい点を取ったらどんなにいいだろうとか、検定に合格したらどんなにうれしいだろうという具合に、ワクワクすることをイメージできたらうまくいくのです。**

人を行動に駆り立てる一つの方法は、苦しいけど頑張る、辛いけど我慢するという嫌な「感情」に耐えるのではなく、楽しい、うれしいなどワクワクする「感情」を利用することなのです。

もう一つ、別の感情を利用する方法があります。それは、自らをやる気にさせ、鼓舞する方法です。

「君とあのまま付き合っていたら良かった」そう言わせるくらいのいい女性（おんな）になってやる。

「お前があのときのA君か」と先生がびっくりするくらい成長してやる。そんな「今に見ておれ」って感情です。

やる気に灯をともす2つの方法

「ワクワク感情」より「恨み感情」のほうが意外にもいつまでも効果が持続します。

「この子は本当にグズね」。私が小学生のときにある女性教師に言われた一言は今も忘れていません。当時は何もできませんでしたが、「グズって二度と言わせたくない」と思ったものです。あなたにも似たような体験がありませんか。悔しい体験があればあるほど、「よし、今に見ていろ」という行動エネルギーは高まります。

人から受けた侮辱、屈辱の体験、試験に落ちた悔しさ……それをバネにして頑張ればいいのです。

「そこにあるのは壁ではない。新たな世界への扉である。」

これは、かつてある人から教えてもらった言葉です。新たな世界の扉を開くのはあなた自身です。その第一歩を踏みだすエネルギーをどこからもらうのか。それが「恨み」であってもいっこうにかまわないのです。

未来に向けて、試験に合格したときの「ワクワク」した感情を利用するのか、過去を振り返ってリベンジしたいという感情を利用するのかは、あなたが決めればいいのです。

Part 2

気分転換が必要なときはコレ

誰にでも訪れる「飽き」を克服する方法

せっかく資格試験合格を目指して頑張ってきたのに、途中で投げだす人がいます。原因は、単調な学習に「飽き」が生じるのと、頑張っているのと自分では思っているのに成績が伸びない「挫折感」です。やる気が大切だとはよく言いますが、実は、やる気を高めるよりもっと大切なのは、「飽き」や「挫折感」を克服することのほうです。これからお話しする内容は、この二つの心理の克服法です。

勉強を続けていると誰にも必ず訪れるのが、もう勉強が嫌になったという「飽き」の気分です。とくに単調な暗記学習が続くと、飽きてきやすいものです。でも、**「飽きてくる」というのは、ある程度、勉強を続けてきたという証拠**でもあります。ということは、その分だけ勉強が進んでいる、ということです。少しは安心するでしょう。

そう考えても、どうにも勉強が手につかないというときは、気分転換しましょう。

一二三頁で説明した週単位の学習計画モデルの中に半日オフの日を入れているのは、定期的に気分転換するためです。どうしても気分が乗らないときは無理に勉強しようとせず、身体を休めるために睡眠をとるなどしてリフレッシュしてみてもいいでしょう。「飽きている」からやる気がでないのではなく、単に「疲れている」からやる気が起こらないこともあるからです。

ただし、「半日」と単位を決めてリフレッシュすることです。旅行や一日つぶしてしまうような、おでかけは極力避けることです。そのことで、スケジュールが遅れ気味になると、リフレッシュするどころか、かえって罪悪感や焦りや挫折感などのマイナスの心理が強く作用し、後で余計にストレスがかかるからです。

レヴィンの法則というのをご存知でしょうか？

人の行動は環境と性格（パーソナリティ）で決まる、という法則です。

人の態度・行動　＝　関数（環境　×　パーソナリティ）

今さら性格を変えるのは難しいですから、環境を変えてやりましょう。そうしたら気分も変わり、行動も変わるのです。

部屋の模様替えをする、机の周囲を整理するといったことでいいでしょう。あるいは、こんな方法もあります。

・図書館に行く
・散歩にでる
・喫茶店に一人で行く

六〇頁で紹介した「リバース読み」の応用として、テキストを最後から読むという方法もあります。ちょうど、映画のＤＶＤを巻き戻して観ている感じです。たまに後ろから読む、ランダムに読む、そんな変化で気分を変えてみましょう。

気分転換と勉強を両立させる方法

実は、これまでに説明してきた勉強法は、勉強と気分転換を両立させるための方法でもあります。

たとえば、一三一頁で紹介した「科目組み合わせ法」は、一つの科目をやり続ける単調さに変化をつける方法でもあります。

「ながら勉強」というのも有効な方法です。

私の場合は、好きなＪ－ＰＯＰをかけながら勉強しました。歌声が気になるという人にはクラシックなどの音楽のほうがいいかもしれません。気が散らない程度の音楽なら、かえってリラックスして勉強がはかどる、ということです。

「三上の説」をご存知でしょうか。

これは、アイデアが生まれやすい場所として、「馬上、枕上、厠上の三つがある」という意味です。中国の学者、欧陽修の説だそうですが、現代に置き換えると、乗り物に乗っているとき、寝ているとき、そしてトイレの中です。

確かに、馬上、つまり身体が揺れている状態はいろいろとアイデアが生まれやすいのです。電車やバスの中で何かひらめいたという経験を持つ人は多いでしょう。これを勉強に応用するとこうなります。たとえば、**毎日、一〇分程度の散歩にでてみてください。**こんなときは一〇〇頁で説明した、**「リマインド学習」の絶好の機会**です。**テキストがない状態で、ただ目次などをもとに中身を思い浮かべるだけでいい**のです。そこから「あっそうか」というひらめきや気づきが得られるかもしれません。あやふやなところがあれば、家に帰ってテキストを見ればいいのです。それだけでも十分な復習効果が得られます。

適度な運動で気分転換しながら勉強も続けているので、まさに一石二鳥です。

場所を変えると、気分転換になるだけじゃなく、覚えた内容と、勉強した場所がつながって記憶が強化されるというメリットもあります。

「これは、あそこで覚えた内容だな」こういうことって結構あるものです。

覚えたときの状況、たとえば電車の中で暗記をしていた場合、窓から見えた工場の煙突などと結びつけて記憶すれば、覚えた事を忘れたときでも、煙突を思い出せば、そこから記憶の糸口を導きだすことができるのです。

気分転換の行きすぎに注意！

長い受験期間中には、気分転換したくなるときがあります。まぁ頑張ったんだから、少しくらいは休んだらって誘惑の声が耳元でささやきます。

でも要注意！

ダイエットをはじめた人が、ずっと我慢していたケーキを一口食べたときのようになります。どうなるかわかりますね。

そうです。一気に堰（せき）を切ったように食べはじめ、気がつけば元の木阿弥（もくあみ）です。勉強も同じです。

休みたいと自分を甘やかしてはいけません。

第四章で説明したように、学習計画モデルの中では一週間に半日だけはオフ日を設けています。それ以上の休みは原則なしという覚悟で臨んでください。

第二章の「早寝早起きのすすめ」でもお話したように、たまの休みだから朝はゆっくりなどと気を許してはいけません。黙っていても試験日は訪れます。カウントダウンはすでにはじまっているのです。試験までは時間との戦いです。自分を厳しくコントロールしてください。

図書館や電車の中で勉強がはかどる理由

図書館や電車の中では不思議と勉強が進みます。静かな図書館、少し騒がしい電車の中、環境はそれぞれ違いますが、一つだけ共通点があります。それは、周囲に「人がいる」ということです。電車の中の多くの人の視線が私を見張り、頑張らせてくれるのです。図書館の自習室。隣に座っている、頑張っている人の存在が自分を奮い立たせてくれるのです。

マラソンのような長距離を完走できるのも、「人が見ている」ということが一つの理由でしょう。人がいるからこそ、もう少し粘ろう、頑張ろうって気持ちになれるのです。

周囲に人がいるということでは、コーヒーショップやハンバーガーショップも同じです。コーヒーを飲みながらリラックスして勉強すればはかどります。ただ、タバコを吸わない人にとっては、タバコの煙は結構気になるものです。タバコの煙が流れてくるだけで集中力が妨げられ、ストレスのもとにもなります。タバコが苦手な人は禁煙スペースがきちんと確保された喫茶店をおすすめします。

いずれにしても、「他人の視線」を上手に利用すれば、騒がしかろうと静かだろうと、案外やる気が起きるものです。自宅以外に、あなたにとってお気に入りの勉強場所を確保すれば、気分転換になるし、勉強もはかどります。

Part 3

挫折しそうになったときはコレ

初期の段階の挫折を未然に防ぐ方法

突然ですが、英語を習いはじめた頃を思い出してください。わからない単語がいっぱいある長文は、辞書と首っ引きで、いちいち単語を調べながら読み進めていきませんでしたか？　でも、そういうやり方では、ちっとも前に進んでいきませんね。進まないから、内容も理解できません。進まない、理解できていない、そんな状況になったら、多くの人は勉強するのが嫌になるでしょう。

これは英語の勉強にかぎりません。すべての勉強について言えることではないでしょうか。特に意欲満々の初期は、一つひとつ丁寧に、丁寧に理解しようという気持ちになりやすいのです。でも、ここに落とし穴が待っています。

まずは「思ったより難しい」という感覚になり、やがて「思ったより勉強がはかどっていない」という感覚に襲われます。

じっくり丁寧に勉強するという方法を取っているかぎり、このように「前に進まない」という感覚からは逃れられないのです。

大切なことは、第三章で説明したとおり、まずは全体像をできるだけ早く把握することです。挫折が心配な人は、**勉強をはじめたばかりの早い段階では、あえてやさしい入門書でざっくり勉強する**のです。そして自分でもわかるという実感や、全体像をつかんだという達成感を味わうのです。粗っぽくても全体像をつかんでから、本格的なテキストの学習に入っていきましょう。**初期の段階では、とくにわずかなことでも、できたことに満足感を味わってほしい**のです。これが「挫折」を防ぐうえで、とても大切です。

得点が伸びないときのスランプ脱出法

試験勉強がある程度進んだ段階で、誰にも訪れる気分、それは、「飽き」ともう一つあります。「伸び悩み」や「挫折感」です。

学習が中期にさしかかると、模擬試験などで自分の実力が見えてきます。ところが、頑張っているのに、思ったほど得点が伸びないのです。これは**プラトー現象（高原現象）**といって、誰にも訪れる現象です。

この時期に、どうせ自分には無理だとか、頭が悪いからダメだと諦めてしまう人が多いのです。せっかくここまで頑張ってきたのにもったいないことです。

それではどうやって、「伸び悩み」や「挫折感」を克服したらいいのでしょうか。「過去と他人は変えられない」という言葉があります。でも、ここではあえて「過去」を振り返ってみましょう。今までやってきた問題集をやってみてください。**勉強をはじめた頃、いくらやってもできなかった問題が、今では簡単に正解できる自分に変わっていることに気づく**はずです。過去を振り返ることで、今の自分の成長が確認できるのです。問題集をやるときに解いた日付をつけるという意味はこんなところにもあるのです。あの頃はできなかったなぁ、それを思えば今はできるようになった、そんな気持ちになれば、再び前に進めます。

それでもまだ、という人は、「努力は直線　成果は曲線」と思ってください。

努力し続けていれば、その分だけ確実に前に進みます。前に進めば必ず成果がでるときが訪れます。ただ、そのときがいつ訪れるかが本人にはわからないのです。

ここがガマンのしどころです。

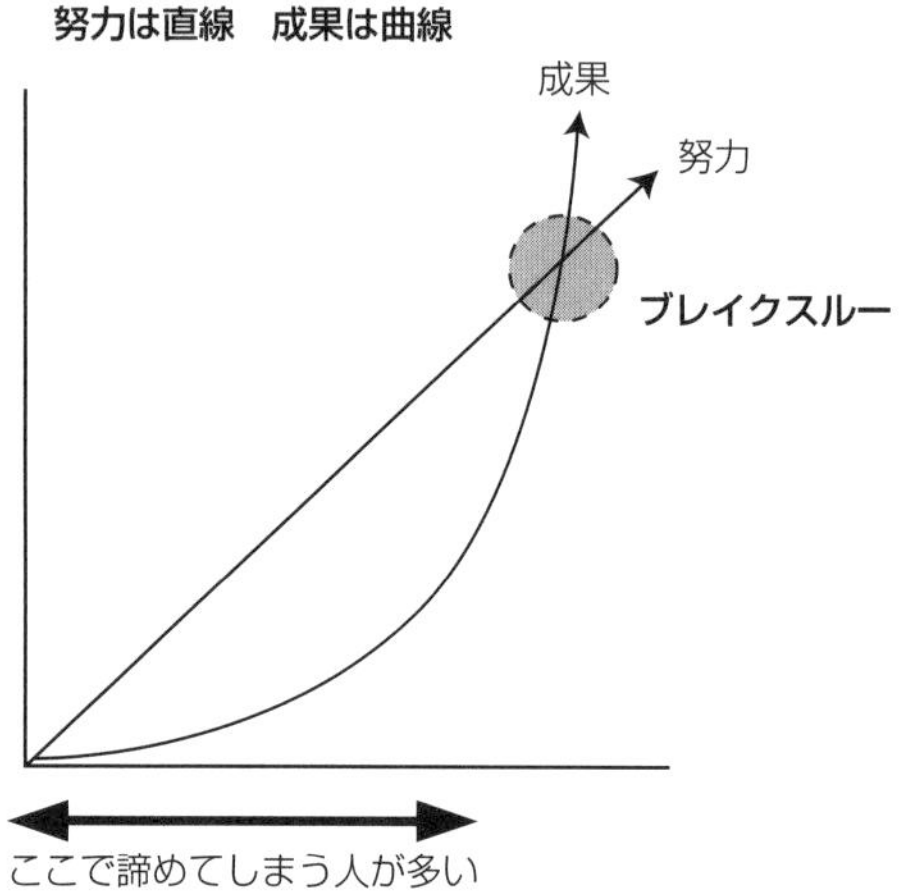

ここで植物を思い描いてください。

根が先に生えます。芽がでるのはその後です。花が咲き、実がなるのはさらにその後です。

あなたが努力しているとき、たとえそれが目に見えなくても、しっかり根が生えているのです。毎日水を与えていれば、やがて必ず芽がでて実がなります。

結局、伸び悩みを克服するには、勉強するのが一番なのです。「なんだ、そんなことか」とがっかりしないでください。

プロ野球の一流選手にスランプ克服の秘訣を聞くと、練習するのが一番という答えが多いそうです。勉強も同じです。

合格する人としない人の分かれ道は、続けたか、途中でやめたかの違いなのです。

勉強をやめなければ、いつか必ずブレイクスルーする日が訪れます。

頑張っている自分へのご褒美はお金だけじゃない

馬を走らせるのに、馬の鼻先にニンジンをぶら下げるように、この試験に合格したら手当てがもらえる、報奨金が支給される。だから頑張る、という人もいるでしょう。

頑張った結果がお金に繋がれば、「やる気」は高まります。

受験にかかった費用を少しでも回収したいならば、合格後、教材をネットオークションに出品し、処分するという手もあります。学習の過程で得たノウハウをまとめて、コンテンツとして販売するということも可能かもしれません。スクールの講師になることも可能です。合格がお金に繋がる方法はいくらでもあります。また資格スクール受講生は教育訓練給付制度を利用すれば、出席など一定の条件を満たせば、たとえ合格しなくても受講費用の一部は戻ってきます。でも、お金だけで勉強するのは味気ないものです。

「仕事の報酬は仕事」と言います。仕事を頑張ったら充実感が得られるという意味ですが、実は**「勉強の報酬も勉強」**なのです。

このことを「テキスト三回転通読法」（六一頁参照）で考えてみましょう。

一回目に読んだときに感じるのは、とりあえず読み終えたという「達成感」です。

でも、モヤモヤッとしてはっきりとはわからなかったはずです。二回目には、よくわからなかった箇所がわかってきます。そして三回目にははっきり理解できます。こうして、「充実感」を感じるのです。

このように、**勉強すればするほど達成感や充実感を味わい、自分に自信が持てるようになるのです。**これを心理学で「自己効力感」と言います。「自己効力感」は、これからあなたが出会ういろんな局面で、何とかやれる、という自信の裏づけにもなるのです。

第6章

悔いの残らない試験直前対策

Part 1

試験直前期の過ごし方

短時間で見返せるコンパクト教材作り

試験直前期は、「焦り」や「不安」との戦いですが、確実にやるべきことをやった人が試験に合格します。この章では、「焦り」や「不安」に打ち勝ち、やるべきことを確実にこなすための方法について説明します。

試験直前、みんなに共通していること、それは「残り時間が少ない」ということです。そして、それまでに使った教材はかなりのボリュームに達しているはずです。試験直前期は誰もがこんな状況です。

教材ボリューム　＞　残された時間　＝　焦り

この教材にもう少し時間を割きたい、でも時間がない。このままでは勉強が追いつかない、だから落ちるという不安……。そういう心境になりやすいものです。でも、焦ってはいけま

初期と直前期では教材のボリュームと覚えるべき量にはこんなにズレが生じます

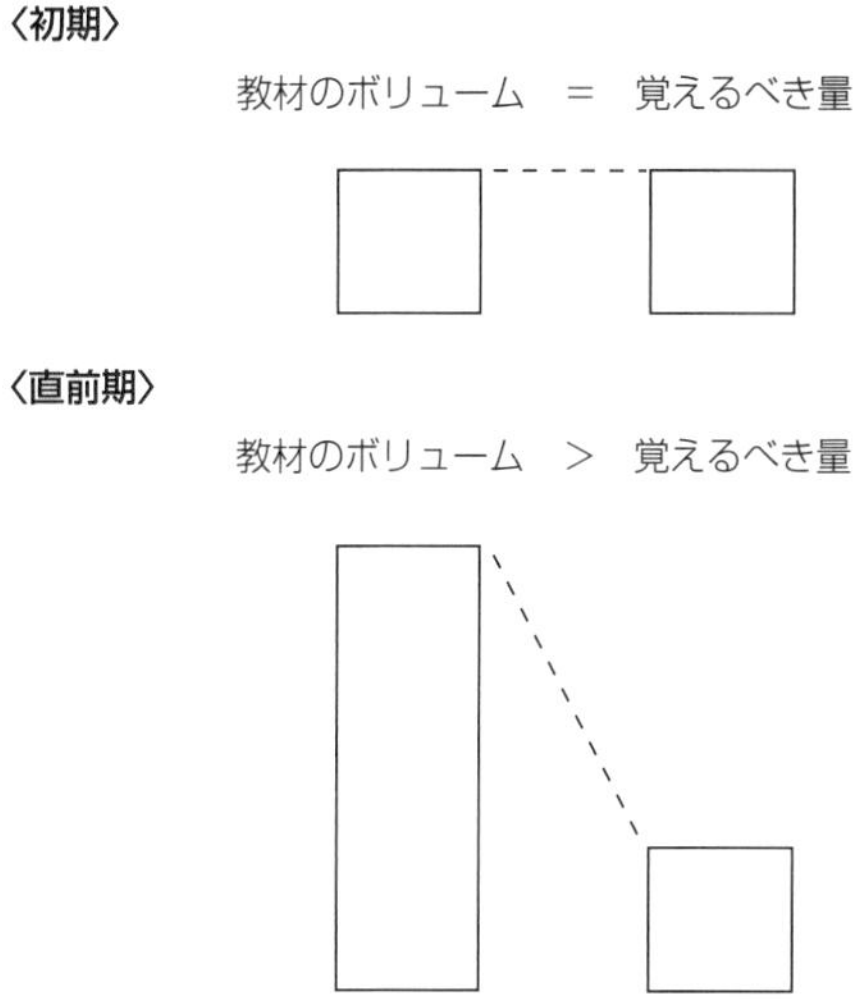

せん。

焦りは直前期の知識の詰め込みや暗記の大敵です。ここは焦らず、確実に記憶の定着を図ることが大切です。そのためには、試験直前期用に短時間でポイントを見返せるコンパクトな教材を用意することです。

前に「最初の段階でサブノートはいらない」と言いました。ただし、学習範囲をひと通り終えた頃から、試験直前に短時間でポイントが見返せるコンパクトなオリジナル教材を作ることは必要です。最後まで迷いやすいもの、間違いやすいもの、忘れやすいもの、試験直前まで見返していたいもの、そんな内容だけをコンパクトにまとめたものを用意するのです。

ポイントは「コンパクト」です。

コンパクトな教材 ＝ 残り少ない時間でできる

ボリュームを減らすことで、「これだけやればいいんだ」と思えるようになればいいのです。

それにより多少なりとも心のゆとりが生まれます。そんな教材を作ることが、焦らず落ち着いて直前期を過ごすコツなのです。

コンパクトな教材は試験当日にも威力を発揮します。

テキストや問題集などの、今まで使った教材を集めると結構なボリュームになるはずです。

それらをすべて試験会場に持ち込むのは相当大変です。第一、持ち込んだところで、すべてに目を通すことはとても無理です。だからコンパクトな教材が必要なのです。覚えにくく、忘れやすいものだけを集めた教材です。試験直前になってもなお、覚えきれていない、このままだと不安になる、そんなポイントだけを集めたものです。

それでも、あれもこれもと用意したくなりますが、ボリュームが増えてはいけません。絞

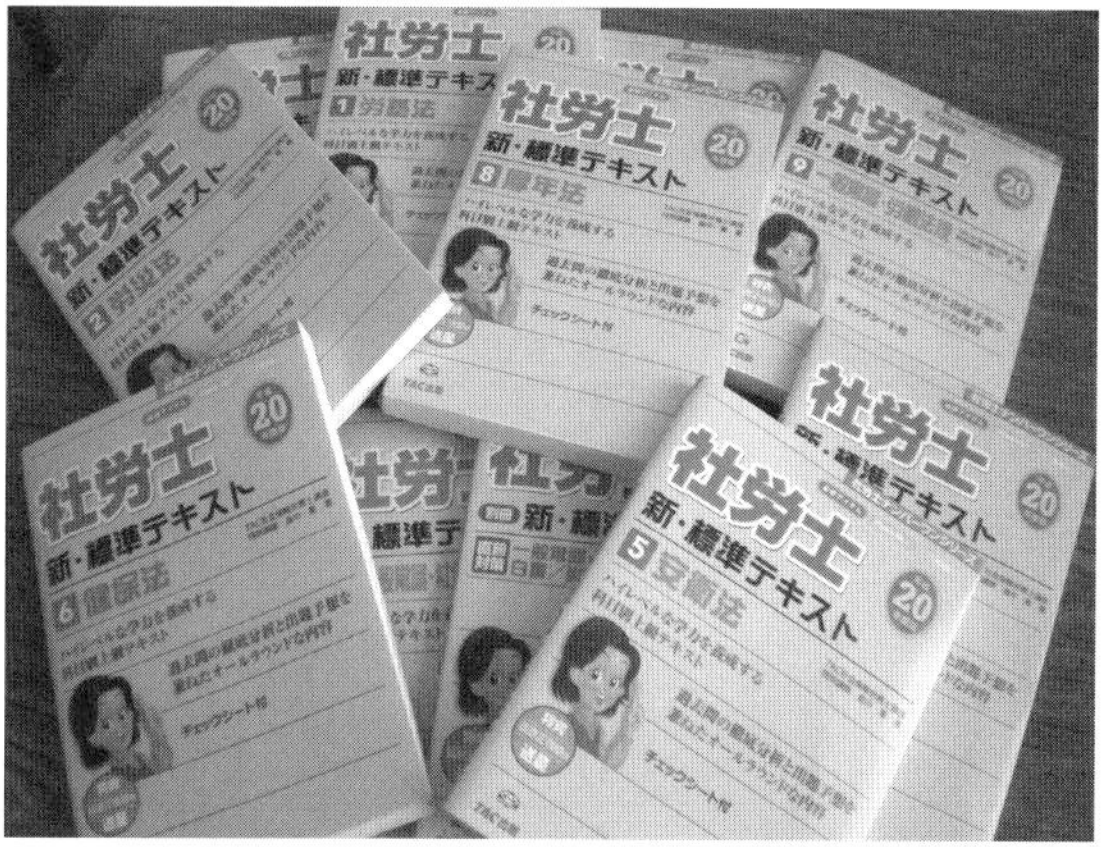

ボリュームのある
テキストを
1冊にまとめる

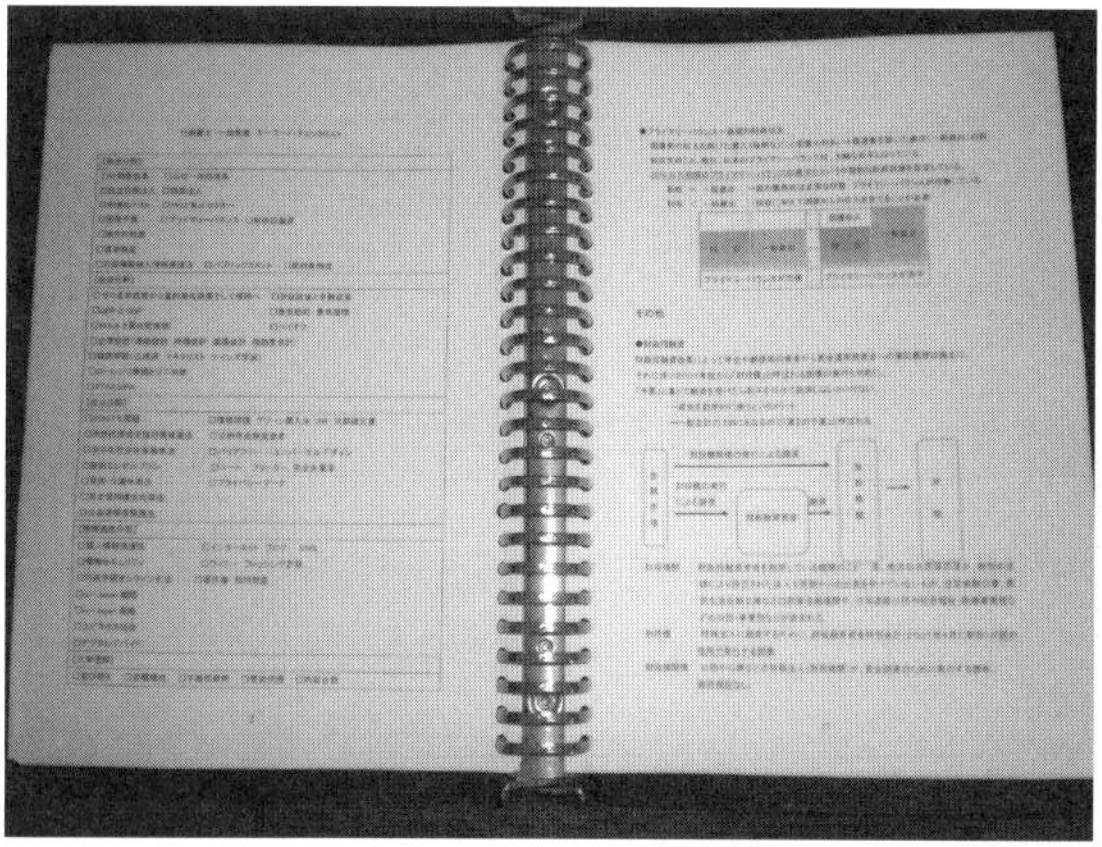

りきれないという人は、次の質問を自分に投げかけてみてください。

「試験会場に持ち込み、最後の最後、直前まで見ておきたいものは何ですか？」

こうして用意した教材をギリギリまで見て、試験監督が「それでは、筆記用具以外は片付けてください」と指示をだすまで見返すのです。

最後の一週間を残す「逆算・高速スピン方式」

前述したように、教材をコンパクトにすることで、時間がないという「焦り」を軽減できますが、もう一つ、これからお話しするのは、時間そのものを見直し、さらに「焦り」をなくす方法です。これは私がもう何年も前から、専門学校で公務員志望の学生たちにずっと言い続けてきたことです。それは、「逆算・高速スピン方式」という学習計画です。

すでに多くの本で紹介されているのが、本試験日から逆算し、今から何をすべきかを考える方式です。

この逆算方式に、私はさらにひと工夫することをおすすめしています。

たとえば、今が本試験一カ月前とします。

そこで、**本試験より一週間前に仮の試験日を自分で設定する**のです。

つまり、**一週間前倒しにした仮想試験日を本番だと想定して、その日に合格できるよう逆算し、今から何をいつ勉強するのかを計画する**のです。

なぜ一週間前倒しにするのか、その理由は心理的に余裕を持たせるためです。

試験直前は誰しも焦りを感じるものです。焦ると余計に覚えられなくなるので、焦りは追い込み期の暗記の大敵です。でも本試験まで一週間を残し、いったん合格レベルまで引き上げたことで、まだ一週間あるんだという心のゆとりができるのです。勉強をはじめた頃の一週間と直前の一週間では、詰め込める量が格段に違います。それだけたくさんの勉強もしてきたし、理解も進んでいるから当然です。この最も大切な最後の一週間を焦って過ごすのと、落ち着いて過ごすのとでは、学習効果に雲泥の差がでます。

そして、**最後の一週間は、試験の全範囲をカバーできるよう、一日に複数の科目を高速回転させ、たとえ短時間でも勉強するよう計画**します。その効果は想像以上に大きいのです。

【試験直前期の学習計画例　社会保険労務士試験の場合】

	科目	量	科目	量
月	労働基準法	過去問	労働一般常識	予想問題集
火	労災・安衛法	過去問	社会保険一般常識	予想問題集
水	雇用保険法	模試三回分の復習	労働一般常識	予想問題集
木	健康保険法	模試三回分の復習	社会保険一般常識	予想問題集
金	厚生年金	間違い問題を重点的に	労働一般常識	予想問題集
土	国民年金法	予想問題	社会保険一般常識	予想問題集
日	横断学習	全科目の横断理解		

第四章の「上手な学習計画例」の初期、中期の学習計画例（一二五頁参照）と比べると、その違いは明らかでしょう。

Part 2

試験当日の過ごし方

準備万端が不安を軽減してくれる

試験当日、「不安」や「緊張」はピークに達しますが、それを軽減する方法はただ一つ、前日までに持ち物等の準備を万端に整えることです。そして、これまでやってきたことを信じ、絶対に受かる、そう強く信じることです。

持ち物は大丈夫ですか？

・受験票
・筆記用具（消しゴム　シャープペンシルなどは複数個持つこと）
　とくに消しゴムは新しいもので最低二個は用意してください。万一、落としたり、失くしたりしたときの安心のためです。
・コンパクトな教材

試験時間が午前から午後にまたがる試験では、昼食の用意も必要です。できるだけ手軽に、しかも短時間で食べられるようなもの、たとえばパンとお茶やジュース、バナナなんかが適当です（生ものや冷たいドリンクなどは控えたほうがいいでしょう）。お昼休みにコンビニに買出しに行くなんてことは時間のムダです（混雑していて買えないこともあります）。

試験会場までの経路と所要時間は事前に調べておきましょう。

そして、当日は受験会場に早めに着くようにしてください。できれば近くの喫茶店で一時間程度勉強してから、気持ちを落ち着けて会場に入りましょう。

試験会場には多くの人が集まっています。それだけで「不安」と「緊張」を感じるかもしれません。

知った顔に会いたいという気持ちになるのもわかります。でも試験会場で一人になるのを恐れてはいけません。試験は所詮一人の勝負なのですから。

試験当日は、誰もが緊張し不安な面持ちと思ったら大間違いです。周りをよく見渡してください。なかばあきらめ顔の人もいます。記念受験者、やむなし受験者（一八一頁参照）など、合格はとっくに諦めている人もいるのです。

あなたが「不安」になったり、「緊張」するのは、今日まで一生懸命やってきた証拠です。合格できそうだからこそ、「不安」を感じ「緊張」するのです。その意味では、「不安」と「緊張」はむしろ歓迎すべきなのです。ここにきて、「不安」と「緊張」を感じたら、合格はもう目の前です。

試験開始の合図で最初にやることは何ですか？

試験問題が配られると、緊張はピークに達しますが、そのとき次のことに注意しましょう。通常、試験開始の合図で一番にすることは、名前や受験番号を書くことです。試験官もそのように促します。

しかし、私は**名前や受験番号は後から記入し、いち早く問題に取り組むことをおすすめします。**理由は、**他の受験生より少しでも早くスタートすることで心理的優位に立つ**ためです。一見無謀と思えるかもしれませんが、意外に効果があります。

その他、試験時間中の留意事項、ポイントを以下にまとめてみました。

①問題をやる順番にこだわる必要はありません。できる問題から手をつけてください。また、どこからはじめるのか、本試験の問題を見てから決めるのではなく、過去問研究を通じて、**どの分野の問題から着手するのか、あらかじめ戦略的に決めておくほうがいい**と思います。具体的には自分の得意分野の問題からはじめることです。**試験開始直後から、確実に得点できているという実感を持てれば気持ちが自然と落ち着きます。**

②択一式は、「正しい」のか、「誤っている」のかのどちらかが問われる形式がほとんどです。このことを強く意識してください。要するに、「正しいものを選べ」なのか「誤っているものを選べ」なのかをはっきり意識するということです。この点を間違えたら致命的です。これを防ぐためには、設問文に正誤どちらが問われているのか意識するよう、下線を引きます。そして、**選択肢に「○」や「×」を書いていくことです（少し迷う肢なら「△」をつけていきます）。**そして、正しいものを選ぶ問題なら「○」印のついた選択肢の番号をマークし、誤ったものを選ぶ問題なら「×」印のついた選択肢の番号をマークすればいいのです。左の図を参照にしてください。

③マークシートに記入するのは後からまとめて、という人がいます。でも私は、最初からマークすることをおすすめします。**これが正解だとわかっている問題をそのつどマークシートに記入していくことで、確実に得点を積み上げているという実感が持てる**からです。それに後から機械的にマークシートに転記していくと、残り時間も少なくなり、焦って転記ミスを誘発しやすいのです。

④**これは絶対に正しいという問題では、残りの選択肢は読まない**というのも一法です。

試験は限られた時間との勝負なので、少しでも時間を節約することは大切です。

⑤最後のポイント、それは**絶対に途中退室しない**こと

設問文にアンダーラインを引いて、
正誤どちらが問われているのか強く意識させます。

＜第1問　正しいものはどれか＞

A　×
B　×
C　△
D　○
E　×

これは△があるので
いったん解答は保留
最後にもう一度見直す

＜第2問　誤っているものはどれか＞

A　○
B　○
C　○
D　×
E　○

これは確実に正解だと
確信できるので、
すぐにマークシート
へ転記

です。どんなに早くできても途中退室してはいけません。早くできるということは、問題がやさしいのかもしれません。でも、簡単に思えるときほど落とし穴が待っているものです。

さらに言えば、**あなたが簡単だと思っている試験は、他の受験生にとっても簡単なはず**です。ということは、一点、二点の差の中に多くの人がひしめく可能性が高いのです。見落としはありませんか？　勘違いはありませんか？　絶対に途中退室せず、最後の最後まで時間を使いきることです。

感想戦はすべて終わってから

試験会場では、一科目終わるごとに難しかったとか、あれはあの問題集にあったとか感想戦をするグループが見られます。

私が受験した中小企業診断士の二次試験でも、「あの事例は、中小企業白書に似た事例だ」などと、さっそく感想を述べあう人たちを見ました。そうした周囲の声は気になるでしょうが、聞こえても無視することです。

済んだことをどうのこうのと言い合ったところで点数は増えません。大切なのは、次の試験です。気分を切り替えて次の科目に備えるのです。将棋でも囲碁でも、感想戦はすべて決着がついてからです。

また、休憩時間はトイレが混雑します。ですから、あえて最初に行かず、少し時間をずらせば楽に用が足せます。あるいは、事前に試験フロア外のトイレ（空いていそうなトイレ）を見つけておいてもいいでしょう。そうすれば、休憩時間をムダにしないで済みます。

心地いい疲れを味わうために

よく本番直前は「健康管理が大切で無理をしないほうがいい」とアドバイスする人がいます。一見するともっともらしく聞こえますが、そのアドバイスを真に受けて、勉強をほどほどにして当日を迎えるのは絶対にダメです。確かに風邪を引いたりしてはそれまでの努力が水泡に帰してしまいますが、それはあくまでも自己管理の問題で、無理をしないこととは関係ありません。

みなさんは、「人事を尽くして天命を待つ」のです。

やるだけのことをやり尽くしたから、「天命を待てる」のです。

「人事を尽くす」ことをせず、ただ「天命を待つ」のはムシのいい話です。私は、試験官が、「それではこれより問題を配ります。筆記用具以外のものは机の上に置かないで」と言うまで勉強することをおすすめします。そして試験終了の合図がでるまで徹底的に頑張りぬくことを強くおすすめします。**終わった瞬間、「これで合格した」という確信を持てるくらい最後まで頑張ってほしい**と思います。

私は二九歳までごく普通のサラリーマンで、流通関係の仕事をしていました。当時は東京で生活していましたが、いつかはUターンして故郷に帰りたいと考えていました。

Uターン就職するにはせめて一つくらい資格を、と考えていたときのこと。

資格試験の勉強法を考えるきっかけとなったはじめての簿記の勉強。苦労しながらも迎えた試験本番。試験終了後、これで絶対に受かったと確信したときの心地いい疲れ、開放感。これらは今でも忘れることができません。

心地いい疲れを楽しみながら、「合格発表」を待つのと、もう少し頑張れば良かったと、後悔の念を抱えたまま「合格発表」の日まで不安な日々を過ごすのとどっちがいいですか？

もちろん、前者に決まっていますね。だったら、「人事を尽くして天命を待つ」でいきましょう。

第7章

これから受験する人へ

Part 1

「合格点」と「合格率」に惑わされない

「資格試験に挑戦しよう」と思う人が最初にひるむことがあります。それは「合格点」と「合格率」です。この二つに惑わされて、鼻っぱしを折られる人が実に多いのです。

ここでは、受験希望者のそんな誤解を解きたいと思います。

合格点の誤解

「試験に合格するためには、高い点を取らなくてはならない。」

多くの受験希望者がこう思っています。その際には、中学校や高校の試験のことを思い出して、八〇点とか九〇点という得点をイメージしがちです。

しかし、たいていの資格試験の合格ラインは六割～七割と、意外に低いのです。皆さんの中学・高校時代を思い浮かべてください。もしも、テストで六〇点だとしたら……きっと満足しないでしょう。でも、資格試験の多くはそれで合格なのです。

「高い点を取らなくては」などと心配しなくていいのです。**試験に合格するには、「満点」**

を目指すのではなく、この比較的低い「合格点」を目指せば、それでいいのです。だから、完璧主義、満点主義は捨てましょう。

試験問題は三種類に分かれます。それは、誰もができない難問、普通の問題、やさしい問題です。それが仮にこんな得点配分だったとしてみましょう。

・難問　二〇点
・普通の問題　五〇点
・やさしい問題　三〇点

すると、次のように得点できれば、それだけで合格ラインに到達してしまいます。

・難問　二〇点　×　〇％　＝　〇点
・普通の問題　五〇点　×　八〇％　＝　四〇点
・やさしい問題　三〇点　×　一〇〇％　＝　三〇点

どうですか？　やさしい問題を落とさず、普通問題の八割が正解できれば、これだけで七〇点になります。こう考えれば、高い得点を狙って難問にこだわる必要はないとわかるでしょう。

合格率の誤解

次に示すのは、私が受かった試験の合格率です。

・中小企業診断士（一次　二次ストレート）　四％
・社労士　八％～九％
・行政書士　五％～一〇％前後
・宅建　一五％前後
・ファイナンシャルプランナー　三五％

右の数字をご覧になって、「うわ～、なんて低いんだろう」と感じたのではありませんか？

実は、多くの受験希望者も、あなたと同じように感じています。

ところが実際には、本気で合格するために受験した人は意外に少ないのです。なぜならば、次のような人たちもたくさん受験しているからです。

①記念受験者　とりあえず話の種にするために受験しただけ

②やむなし受験者　会社からの命令で仕方なく受験しただけ（まともに勉強していません）

③あきらめ受験者　申し込んでしまったので受験はするが、狙いは来年の合格

④資格スクールなどの社員の業務受験者　試験問題を入手するために受験（一スクールあたり、複数の社員を送り込んでくるので、全体ではかなりの数に達します）

こうした受験者が多数いて、そのことが合格率を下げているのです。**きちんと勉強した人が合格する確率は数字以上に高いのです。見かけの合格率にいたずらにおびえることはありません。**

Part 2

独学だけでは足りない場合はどうするか？

試験を受けるのにスクールに通うか独学にするか

スクールに通うか、独学するか、迷う人は多いものです。そこで、それぞれのメリット、デメリットを次ページの表にまとめてみましたので、参考にしてください。

ただし、どちらの方法を選ぼうとも、合格する人もいれば、不合格になる人もいます。要するに、決め手は通学か独学かではなく、勉強の「やり方」次第なのです（本書は、そのやり方を教えるためにあります）。

ちなみに私は、宅建は通学、行政書士は独学、社労士は通信を利用し、中小企業診断士は二次試験のみ通信を利用しました。

私が資格スクールを利用した際に感じたメリットとデメリットを紹介しましょう。

資格スクールがひしめく東京など、都会に住む人には資格スクールの選択肢がいっぱいありますが、私のように田舎に住む人には選択肢が少なく、しかも通学する際にはかなりの移動時間等のロスが発生します。そのため、仕事が終わってからの通学は、結構辛いものです。これが、私が感じたデメリットでした。

そこで私は、通信講座（授業を収録した教材＝ＤＶＤつき）を利用しました。その理由は、独学のデメリット、通学のデメリットの両方をカバーし、さらに通学講座や独学にはないメリットもあるからです。

授業を収録したＤＶＤつきの通信講座だと、そのスクールの看板講師の講義であることが多く、講師の質の点で安心です。また、生講義と違い、**何度も聴けます**し、**自宅で好き**

資格スクール利用のメリット/デメリット

メリット	デメリット
学習が習慣化しやすい	コストがかかる
法改正など受験情報が入りやすい	移動時間、受講時間に拘束される
講師に質問ができる	疲労がたまる
受験仲間がいて刺激になる	仲間と共倒れになるリスク
	結局、仲間はライバル
	講師に当たり外れがある

独学のメリット/デメリット

メリット	デメリット
受講料など経済的に負担が軽い	法改正など受験情報の入手が困難
自分のペースで学習できる	学習上のアドバイスが受けられない
通学に伴う疲労がない	孤独にさいなまれる
	全体の中での自分の実力が測りにくい
	モチベーションの維持が困難

な時間に聴けるので、生講義のように**時間に拘束されません。**しかも、**倍速スピードで視聴すれば、通常講義の半分の時間で講義を受けることができます**（たとえば、一五〇分の講義なら、七五分で受講できます）。この時間短縮分は、そのまま別の勉強にあてることができます。

講師に直接質問できない、質問に対する回答が遅いというデメリットなど問題にならないくらい、このメリットは大きかったです。

インターネットを利用しよう

行政書士試験にしろ、社会保険労務士試験にしろ、合格率には都道府県（受験地）で差があります。行政書士試験に至っては、トップと最下位に五倍近い差があります。

一口に言えば、合格率は、「都会は高く、地方は低い」という傾向があります。

この合格率の開きの原因は何でしょうか？

都会の人は頭が良くて、地方の人は頭が悪いのでしょうか？　それとも、合格しそうな人は、皆、都会で受験しているのでしょうか？

いいえ、その答えは、教育のインフラの差だと思います。

大手資格スクールが集まる都会に比べ、地方によっては資格スクールがまったくない街もあります。地方には、勉強したいけどスクールがなく、通学できない環境にいる人がいるのです。

では、地方に住む人はこの不利をどう埋めていけばいいのでしょうか。

そのヒントは、通信講座とインターネットです。先程も述べましたが、授業を収録した通信講座（ＤＶＤ講座）を利用すれば、地方にいても、都会並みの授業を受けることができます。また法改正情報などは、インターネットで入手可能です。地方にいるから不利だと嘆く前に、打つべき手を打ちましょう。

模擬試験の上手な活用法

仕事をしながら、勉強を続けていくには、時間とお金、この二つの制約をどうやってやりくりするかが大切です。限られた時間を有効に使う方法については、第二章を参考にしてください。一方、お金のほうだって有効に使いたいところです。スクールの受講費用、参考図書の購入など、お金はいくらあっても足りないと感じている人も多いはずです。でも、絶対にお金を惜しまないでほしいものがあります。それは、模擬試験の受験料です。

模擬試験はお金を惜しまず、複数のスクールのものを受験すべきです。

その理由は次の三つです。

① 多くの受験者が受ける模擬試験から本試験で類似の出題がされたとき、模擬試験を受験していないことで不利にならないようにするため

模擬試験は各スクールが様々な分析をして予想問題を作ります。本試験でズバリ的中しましたと言いたいから、それも当然です。だから、出題予想を知るためにも、模擬試験は受けたほうが無難です。特に、受験者が多い大手スクールの模擬試験はぜひ受けておくべきです。

② 本試験の雰囲気を味わうため

本試験の雰囲気を味わうためには、自宅受験ではなく、なんと言っても会場受験です。やむなく自宅受験する人は、本試験と同じ時間にはじめて、本試験と同じ時間に終えてください。それだけでも、ある程度の緊張感は味わえます。

③ スクールのクセから離れるため

中小企業診断士にしろ、社会保険労務士にしろ、それぞれのスクールには、その学校ならではのカラーがあります。それは模擬問題に表れます。

良く言えば「特色」、悪く言えば、「偏り」があるのです。特定のスクールで学んでいる人は、その学校のクセから離れるため、あえて他のスクールの模試も受けることをおすすめします。

模擬試験は、自分の今のポジション（全体の中の順位）がわかるから受ける、という人もいるでしょう。でも、成績自体は本試験の合否とはまったく無関係です。ましてや合否判定はあてになりません。

たとえ成績が悪くてもがっかりせず、良くても慢心せず、決まった計画を決まったとおりに学習し続けてください。

試験問題、正解は出題者の心理から予測できる？　最後の受験テク

「過去問は試験対策の王道」「法改正はキモ」と言います。なぜでしょうか？

出題者のつもりになって考えてみましょう。私たちが何か仕事を任されたとき、どういう行動を取るでしょうか？

前の担当者はどうやっていたか、昨年はどうだったかなどを調べるはずです。出題者も同じことをやっています。そして、こんな心理になっています。

① 奇をてらった変な問題と批判されたくない。だから過去問の形を少しだけ変えた無難な問題にしたい

② とは言え、法改正部分は出題したい。それによって、問題に最新の情報を反映でき、少しは自分らしさもだせる

こうして、**過去問に似た問題と法改正に関する問題が出題されやすくなる**のです。だから宅建や社労士のように、関連法規が頻繁に改正される試験では、資格スクールが開催する「法改正セミナー」などをできるだけ受講したほうがいいのです。特に独学者は、こうした改

正情報に疎くなりやすいので、ぜひ、インターネットの活用など何らかの形で情報収集しておくことをおすすめします。それだけでも、「不安」解消になります。

正解を探る際、たとえば択一式の問題の場合、出題者の心理から考えて、およそこのへんに正解肢があるだろうという推測はできます。

たとえば四択なら正解は、二番目か三番目になると言います。出題者の心理からすると、せっかく選択肢を作ったのだから、できるだけ読んでほしい、だから正解は後のほうに置きたい、と思うからです。

また正解の選択肢は、根拠を漏れなく記述する必要があるため、どうしても長文になりやすいという傾向もあります。

となると、どっちかなと選択肢が二つに絞り込まれたら、より下の選択肢を選ぶとか、より長い文からなる選択肢を選ぶということになります。その他の受験テクニックとして、たとえば、「必ず」とか、「すべての」とか、「絶対に」「みんな」「～のみ」「～に限られる」など例外を認めない記述があれば、それは間違いの選択肢である可能性が高いと推測できます。例外がつきものの法令問題や行政書士試験の文章理解などでも役立つテクニックです。

勉強に集中できない人の特徴と対処法

なかなか勉強に集中できない人の多くは、こう言います。

「つい、あれもやっておかないと、これも……と考え、気が散ってしまう。」

気がかりなことが頭のどこかに残っていると、なかなか集中できません。**勉強に集中したいなら、気になることはさっさと先に済ませてしまう**ことです。それが集中するコツです。

たとえば、電話一本かければ済むことを先延ばししたために、後でクレームになり、対応に時間がかかる、といったことになりかねません。少しの時間を惜しんでかえって大きな時間を失うことがないよう、気になることはさっさと片付けることです。仕事をしながら試験勉強をするには、これまで述べてきたように、こま切れ時間の活用が大切です。こま切れ時間は短いだけに、とくに集中しないといけません。こま切れ時間を有効に活用するためにも、気がかりなことはさっさと片付けてしまいましょう。

さらに、もう一つ、集中を妨げるものがあります。

それは携帯電話です。携帯がつながっていると、電話やメールがくるたびに勉強が中断されます。ですから、勉強中は電源をオフにするか、それが無理なら、すぐに電話にでないといけない、メールはすぐに返信しないといけないという強迫観念を捨ててしまいましょう。時間を決めて返信するなど、自分なりのルールを持って対応することも必要です。

時間感覚をつかむ練習をする

家では問題を解いてもできるのに、模擬試験や実力テストをやるとできないという人がいます。なぜそうなるのでしょうか？

周囲の環境が違って、緊張するというのもあるでしょう。でも最大の原因は、「時間を計っているかどうか」です。普段から問題をやる際には時間を計って取り組まないと、模擬試験や実力テストでは力を発揮できません。

たとえば、「行政書士試験の文章理解などの問題には、時間を無制限にかければ多くの人が正解できるものもあります。しかし、それでは実戦では力を発揮できません。限られた時間に対応してこそ、高成績になるのです。

いったい自分はどれくらいの時間でできるのかという「時間感覚」をつかむためにも、問題を解く際には、時間を計測して取り組んでみてください。

最初のうちは時間がオーバーしてもいいのです。時間オーバーしても問題に最後まで取り組み、正解できたほうが充実感、達成感があります。「時間が足りなかった」という感覚よりも、正解して、「力がついてきた」、そんな感覚を味わうほうがいいのです。大切なのは、時間をオーバーしたかどうかではなく、時間をオーバーしたということがわかっているかどうかです。

合格する人の七つの習慣

人は習慣になっていないことをやるのは億劫に感じるものです。逆に言えば、習慣になってしまえば、思った以上に楽にできるようになります。

今まで成果のでる勉強法について述べてきました。とは言え、これだけ言っても実行に移す人はごくわずかです。実行する人と実行しない人では成績に差がつき、やがて試験に合格する人と落ちる人に分かれます。勉強法を紹介した本がどんなにたくさん出版されても売れ続けるのは、「知っていても実践していない人が多い」ことの証拠でもあります。だからこそ、皆さんには実践してほしいのです。

実践すれば、必ず成果がでます。

すでに紹介した「二一日の法則」（一三八頁参照）を思い出してください。はじめてのことでも三週間（二一日）続けてやれば、「習慣」になるのです。だから、続けることが大切なのです。

さぁ、やろうと、やる気になった「瞬間」から、本書で紹介したやり方を実践し、継続することで「習慣」にすること。それが合格力を高めることになるのです。

最後に試験に合格する人の七つの習慣を贈ります。

●合格する人の七つの習慣

①絶対に合格するという強い気持ちを持ち続ける習慣

②最初は細部にこだわらず、まずは全体を把握することに努める習慣

③こま切れ時間を見つけては、こまめに学習を繰り返す習慣
④場所と時間にこだわらず、いつでも、どこでも勉強する習慣
⑤毎日決まった時間、決まった場所で一定時間勉強を続ける習慣
⑥ハッと気づいたこと、わかったことはこまめにノートに記録する習慣
⑦飽きても挫折しそうになっても、上手に気分転換し、気持ちを切り替えられる習慣

付　録

笑いながら身につく勉強術

なるほどと思った覚え方

図や表、視覚を利用すれば印象に残り、忘れにくくなります。

簿記を例に取ってみましょう。

簿記をはじめて学ぶ人にとって、わかりづらいのは、「借方」、「貸方」という考え方ではないでしょうか？　どうしても、「貸し」、「借り」という言葉のニュアンスに引きずられてしまうからです。簿記の貸し借りには、これといった意味はないとわかったときに出会ったのが下の絵です。

これはズバリ、目で覚える方法です。

仕訳の基本は「借方／貸方」です。左側が借方、右側が貸方なのですが、最初のうちは、右と左、どっちが借方でどっちが貸方かわかりにくいものです。

そこで、「借方＝左側」という意味で、「かり」の「り」の字のカタチから「左側」をイメージし、「貸方＝右側」という意味で、「かし」の「し」の字のカタチから「右側」をイメージします。右下の

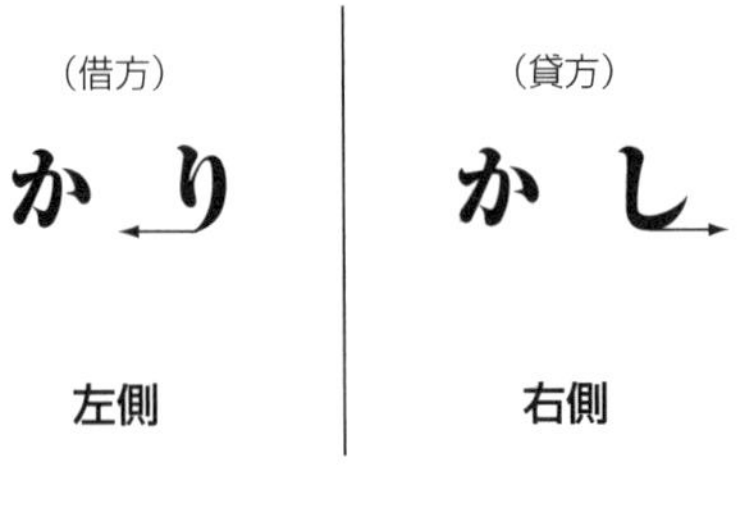

絵はそのことを表わしています。

このような、視覚を取り入れた方法をぜひトライしてください。

ドーハの悲劇って言うけど、ドーハってどこの国の都市？

一九九三年のことです。アメリカで行われるワールドカップサッカーのアジア地区最終予選。ドーハで行われた日本とイラクの試合は、勝てば日本初のワールドカップ出場が決まる試合でした。日本中が盛り上がり、みな固唾を飲んで応援していました。日本は、後半ロスタイムまで二対一でリード。これで決まりと思った後のロスタイム。イラクにコーナーキックのチャンス。放物線を描くような、ゆるーい同点ゴールを決められ、そのまま試合終了。あえなく出場権を逃してしまったのです。ロスタイムで、しかもすごい弾丸シュートでなかったのが余計に悲劇でした。

こうして、「ドーハの悲劇」という言葉とともに、あの同点ゴールのシーンは、今も多くの日本人の記憶に残っているのです。

さて、ここで問題です。「ドーハの悲劇」の「ドーハ」ってどこの国でしょうか？

イラク？　イラン？　サウジアラビア？　カザフスタン？

正解は、「カタール」です。

これはテレビのクイズ番組で取り上げられていましたが、解答者も私の家族も正解できませんでした。

そこで私は二度と忘れないようにと、語呂合わせで覚えることにしました。

「ドーハの悲劇を語る」（ドーハの悲劇をカタール）

こんなふうに、これを覚えるにはどうしたらいいだろうかと考えるだけで、記憶法のバリエーションは増えるのです。

大食いチャンピオンに学ぶ気分転換法

オムライスやラーメンなど、単品をひたすら食べ、たくさん食べたほうが勝ちという大食い選手権があります。

苦しくなってきた出場者は途中で醤油やケチャップなどを加えて味を変えています。同じ味を食べ続けると飽きてくるからです。

勉強も同じです。

同じ科目を続けると飽きてきます。だから「科目組み合わせ法」（一三一頁参照）が有効なのです。

資格試験の勉強は一年くらいの長丁場です。「飽きてきた」という感覚は誰にでも訪れます。そんなときは大食い選手権を思い出して、科目をチェンジし、気分転換をしましょう。

間違えて覚える漢字

今も忘れていません。元巨人の江川氏や元阪神の掛布氏が現役の頃のテレビのプロ野球中継です。

往年の大投手だった解説者いわく、

「昨日の江川と掛布の対決は、あ・つ・ま・きでしたね。」

もちろん、「あつまき」ではなく、「あっかん」（圧巻）です。

かく言う、私にも似たような間違いがありました。それは、かんぺきにできたの「かんぺき」という漢字です。「完壁」ではありません。

正解は「完璧」です。

三〇歳にしてはじめて間違いに気づきました。学生から間違いを指摘されたときのことは、今もハッキリ覚えています。間違えることは決して悪いことじゃありません。間違いは、「覚えるきっかけ」となるのです。間違えるからこそ、逆に記憶に残るのです。

〈誤〉完壁 → 〈正〉完璧

ある先生の会話からわかった暗記法

税理士の先生同士の会話を横で黙って聞いていたときのことです。

「授業中、自分で話していて、はじめて、あぁそういう意味だったんだと気づくことがある。」

「そういう経験、私にもある。」

人に話す言葉を自分もちゃんと聞いていて、それを自ら理解している、ということです。人に教えることが一番の勉強になるとは言いますが、教えている最中に、あっと気づかされるという体験はとても新鮮です。

実際、自分の言葉を一番近くで聞いているのは自分です。そしてその言葉に、自分自身が触発されることがあります。これをコーチングの世界では、「オートクライン」と言います。

オートクラインは勉強にも応用できます。自ら声にだしてそれを聞き、覚えてしまえばいいのです。これはまさに自分で自分に教えていることです。

慌てる者は記憶が少ない

「慌てる者はもらいが少ない」と言います。でも本当は、「慌てる者は記憶が少ない」のです。先日、東京に出張することがありました。

出発がギリギリになってしまい、慌ててでかけようとしたら、チケットが見当たりません。スーツの内ポケットに入れていたのに……と思うのですが、ないのです。焦ると余計に思い出せません。

暗記学習には、精神的ゆとりが必要です。精神的なゆとりは、ゆったりした時間がもたらします。

第四章で学習計画を取り上げました。そこでは予備日を設け、前倒し実行をすすめましたが、それは精神的なゆとりを得るためです。直前期に一週間残す「逆算・高速スピン方式」を提唱したのも、ラスト一週間は精神的ゆとりを持って過ごすためです。

さて、見つからなかったチケットですが、結局、内ポケットの奥底からでてきました。

覚えたことを忘れないようにする最も確実な方法

唐突ですが、あなたは「漢検」に挑戦しようとしています。そこで、質問です。

「漢字を一カ月以内に三〇語覚えなさい」と言われたら、あなたはどうしますか？

① 一日一語ずつ確実に記憶していき、三〇日目で三〇語を覚える
② 一日三〇語を記憶しようが記憶しまいが、かまわず毎日覚えようとする。それを三

○日間繰り返す

人間は忘れる動物です。覚えた瞬間から忘れはじめます。忘れないようにするためには、「忘れる前に、覚え直す」ことです。

第三章で説明したエビングハウスの忘却曲線（九七頁参照）を思い出してください。ドイツの心理学者、エビングハウスの実験によると、人は一時間後には覚えたことの半分以上、およそ五六％を忘れるそうです。さらに一日たてば、七割近く忘れてしまい、一カ月後には八割忘れてしまうのです。完璧に覚えたつもりでも、その後復習をしなければ一カ月後には八割忘れてしまうのです。だから、「忘れる前＝つまり覚えたら、できるだけ時間を空けずに復習すること」です。それが忘れない秘訣なのです。

一カ月後に復習するのと、その日のうちに復習するのでは、覚え直す量や時間はずいぶん違います。どっちが大変かわかりますよね。

・その日に復習するなら、半分くらいの量を覚え直すだけでOK

・一カ後に復習するなら、八割忘れているのでほとんど覚え直す

さて、最初の質問に戻りますが、正しいやり方は②です。一日一語ずつ確実に覚えていくのでは、はじめの頃に覚えた漢字はどんどん忘れていきます。だから、覚えていようがいまいが気にせず、毎日すべての漢字に接するようにします。そうすれば、それだけ「忘れる前に覚え直す」ことになるので、結果的に記憶が定着することになるのです。当たり前すぎる結論です。

昨日、夕ごはんに何を食べたか思い出せますか?

何を食べたか、普段はすぐに忘れてしまうものの、いつ何を食べたかをよく覚えているときがあります。

そのような食事には共通点があります。それは、わが家以外、つまり外食という「非日常的なシチュエーション」のときの食事です。

なぜ、こうした食事はよく覚えているのか。実は、記憶法でも説明できます。

人間の記憶の中で、最も忘れにくく、思い出しやすいもの、それは「エピソード記憶」と呼ばれるものです。

エピソード、つまり何かいつもと違う特別な体験や感情を伴うものと結びついたときに記憶に強く残るのです。

昨日の夕ごはんに何を食べたか思い出せないのに、小学生のときに言われた「七番目に好き」という告白を覚えているのも、（残念だけど）いつもと違う「非日常」的な体験だからです。

「楽しかった思い出は何？」という質問に、多くの人が旅行のことを挙げるのも、それが非日常的な体験としてエピソード記憶に蓄積されているからです。

着実に記憶にとどめるなら、エピソード記憶の力を借りましょう。つまり、非日常的体験を意識的に行うのです。

勉強している人の非日常、それは、自分が学んだことを友人や家族に話す（教える）という体験です。

自分で声にだすことで、耳にも残り、記憶の定着にとても有効です。理解があいまいだった点も明確になります。人に話すことの効果はそれほど大きいのです。

ちなみに、私はよく学生から「先生、前にそう言っていたじゃない」とか、「自分で言ったことをもう忘れたの」と身に覚えのない非難を受けることがあります。

それは、都合の悪いことは忘れてしまうという私の性格のせいというよりは、教師という職業上、「話す」ということが非日常ではなくなっているからです。

おわりに

~試験合格のプロセスで身につく仕事力、段取り力~

この本は、何かの試験に合格して年収アップしましょうとか、独立しましょうといった、試験の後の展開を想定した本ではありません。ただ単純に「試験に合格する」ためだけに書いたものです。

よく資格はこんなふうにたとえられます。

「資格は足の裏にくっついた飯粒と同じだ。取ったら気持ちいいけど、取っても食えない」

確かに試験に合格しただけでは、意味がないというのも一理あります。

しかし、私は資格取得の結果、得られるものは年収アップとか独立開業以外にもいろんな意義があると考えています。私が考える意義、それは、まとめると次の三つです。

①「~ができる」という腕前、スキルの証明

たとえば、履歴書に書くだけで、何も言わなくてもこの人は●●についてはできるんだと

いうことがわかります。「士業の資格」なら名刺にも書けます。

②コツコツと頑張る努力家タイプという人柄の証明

勉強をして何かに受かった人は、みんな一様に努力家であることは間違いありません。自己啓発意欲の高い人たちです。そういう人柄の証明にもなります。

そして、三つ目、これが案外見落としがちですが、

③合格という「目標」に向け、本試験という「期限」までに段取り良く計画を立て、目標を達成できる力の証明

ここで意味する力とは、もうお気づきだと思いますが、決められた期限までに目標を達成するという意味で仕事そのものです。

実は、試験合格の過程で、段取り良く仕事を進め、目標を達成するという『仕事力』も自然と身につけてきたと思うのです。また時間管理のスキルは、人生そのものを豊かにしてくれます。

最後に、これまでの私の経験から、試験合格までのプロセスで得られる一番大きなものをお伝えします。

私の手帳の一ページ目には年初に立てた目標が書かれています。昨年は「中小企業診断士講座を企画し、講師になる」とあります。そして今年は、「本を出版する」と書いています。いずれも実現できました。

こうして考えると、試験の合格には、年収アップとか、独立などとは、ちょっと違うけど、大きなメリットもあると思うのです。それは、合格体験を通じて、他の目標に対しても、「何とかやれる」「実現できる」という考え方、姿勢が身についたことです。本書で紹介した勉強術を駆使し、「合格」という目標を達成した皆様が、それをきっかけに、どんなことでも、決して逃げださず、やってみよう、やればできるはずだという確信が持てるようになることを心から願っています。

最後になりましたが、今回出版の機会を与えてくださった明日香出版社と久松圭祐様には心からお礼申し上げます。ありがとうございました。

福田　稔

■著者紹介

福田　稔（ふくだ　みのる）

1958年岡山県生まれ。

慶応義塾大学卒業後、ジャスコ株式会社に入社。情報システムやマーケティングなどの業務を経験。同社を退社後、岡山県・広島県で大手の資格スクールの講師を務め、現在は学校法人穴吹学園で理事・副校長を務めるかたわら、穴吹教育総合研究所で教材開発や企業研修講師も手がけている。

中小企業診断士、社会保険労務士、行政書士、宅地建物取引主任者、ファイナンシャルプランナーなどの試験にいずれもストレートで合格。

中小企業診断士講座や、資格取得のための勉強法セミナー、再就職のための支援講座などに携わる傍ら、ブログ「行列ができる進学相談所」で、進学や就職、勉強に関するアドバイスを発信しながら、若者の社会人基礎力向上なども支援している。

ブログ「行列ができる進学相談所」
（http://sennmon.exblog.jp/）
ブログ「資格試験ストレート合格のための勉強法」
（http://blog.livedoor.jp/shikengokaku/）

ご意見をお聞かせください

ご愛読いただきありがとうございました。本書の読後感想・御意見等を愛読者カードにてお寄せください。また、読んでみたいテーマがございましたら積極的にお知らせください。今後の出版に反映させていただきます。

☎（03）5395-7651
FAX（03）5395-7654
mail:asukaweb@asuka-g.co.jp

いつも目標達成《もくひょうたっせい》している人《ひと》の勉強術《べんきょうじゅつ》

2008年10月7日　初版発行

著者　福田《ふくだ》　稔《みのる》
発行者　石野栄一

明日香出版社

〒112-0005　東京都文京区水道2-11-5
電話（03）5395-7650（代表）
（03）5395-7654（FAX）
郵便振替00150-6-183481
http://www.asuka-g.co.jp

■スタッフ■　編集　早川朋子／藤田知子／小野田幸子／金本智恵／末吉喜美／久松圭祐
営業　小林勝／渡辺久夫／奥本達哉／平戸基之／野口優／横尾一樹　関西支社　浜田充弘／関山美保子　M部　古川創一　経営企画室　落合絵美

印刷　株式会社文昇堂
製本　株式会社新東社
ISBN978-4-7569-1234-3　C2036

編集担当　久松　圭祐

デキる人は皆やっている 一流のキャリアメイク術

保田　隆明

外資系金融機関2社（うち1年ニューヨーク本社）、起業、ベンチャーキャピタル運営、そして再び独立をしてテレビ等のメディアで活躍する著者。より高い理想をめざす若手ビジネスパースンに対して、キャリアに対する考え方と、キャリアメイクにつなげる仕事のしとき、人脈のつくり方などをサジェスチョンする。

定価（税込）1575円
B6並製　232ページ
ISBN4-7569-1140-7
2007/12発行

デキる人は皆やっている　一流の仕事術

浜口　直太

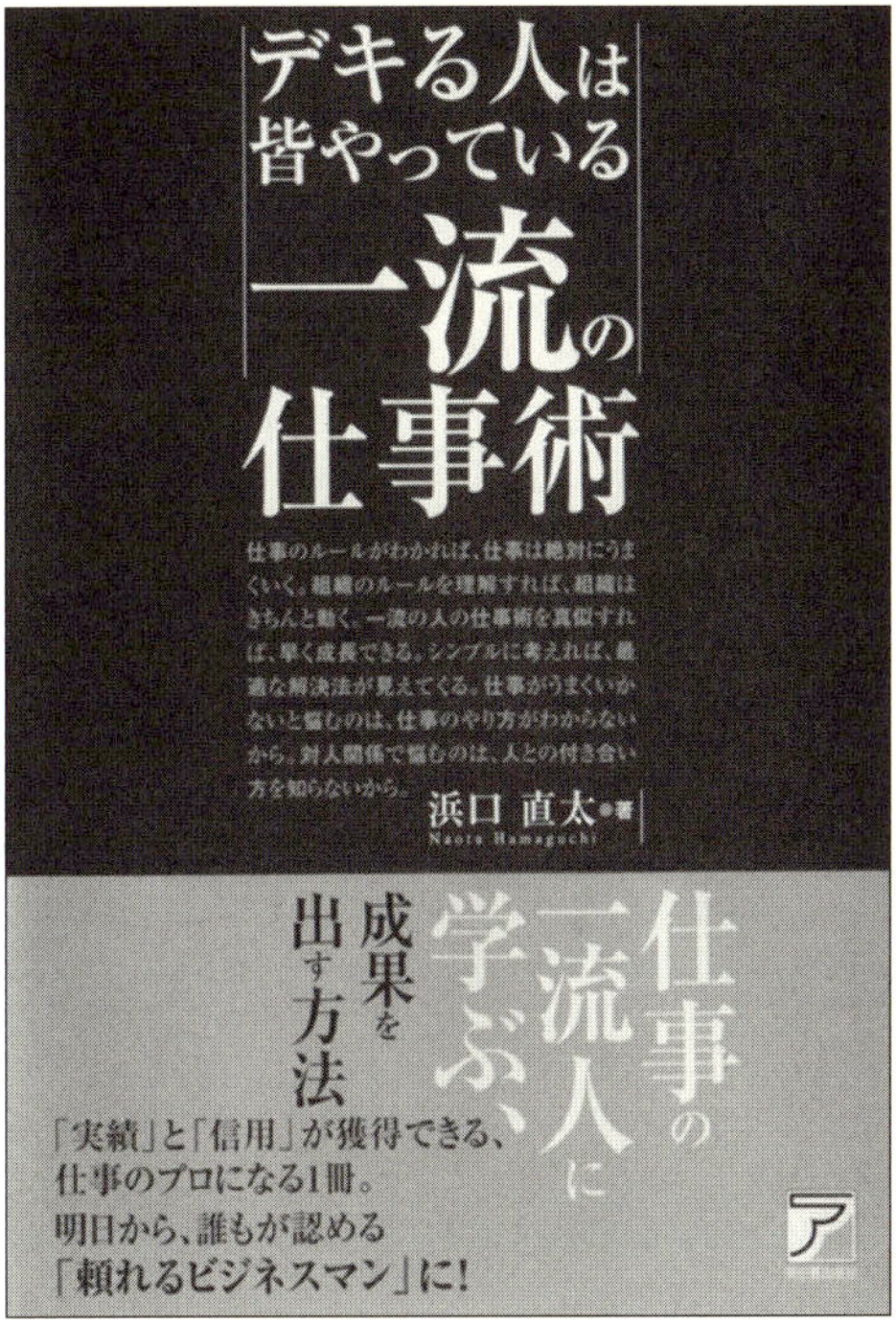

仕事がうまくいかないと悩むのは、仕事のやり方がわからないから。一流と言われる人もはじめは、みんな新人でした。自分なりに努力することも大切ですが、さまざまな仕事術を知ることにより、仕事のプロに成長します。

定価（税込）1470円
B6並製　184ページ
ISBN4-7569-1084-4
2007/05発行

いつも目標達成している人の読書術

丸山　純孝

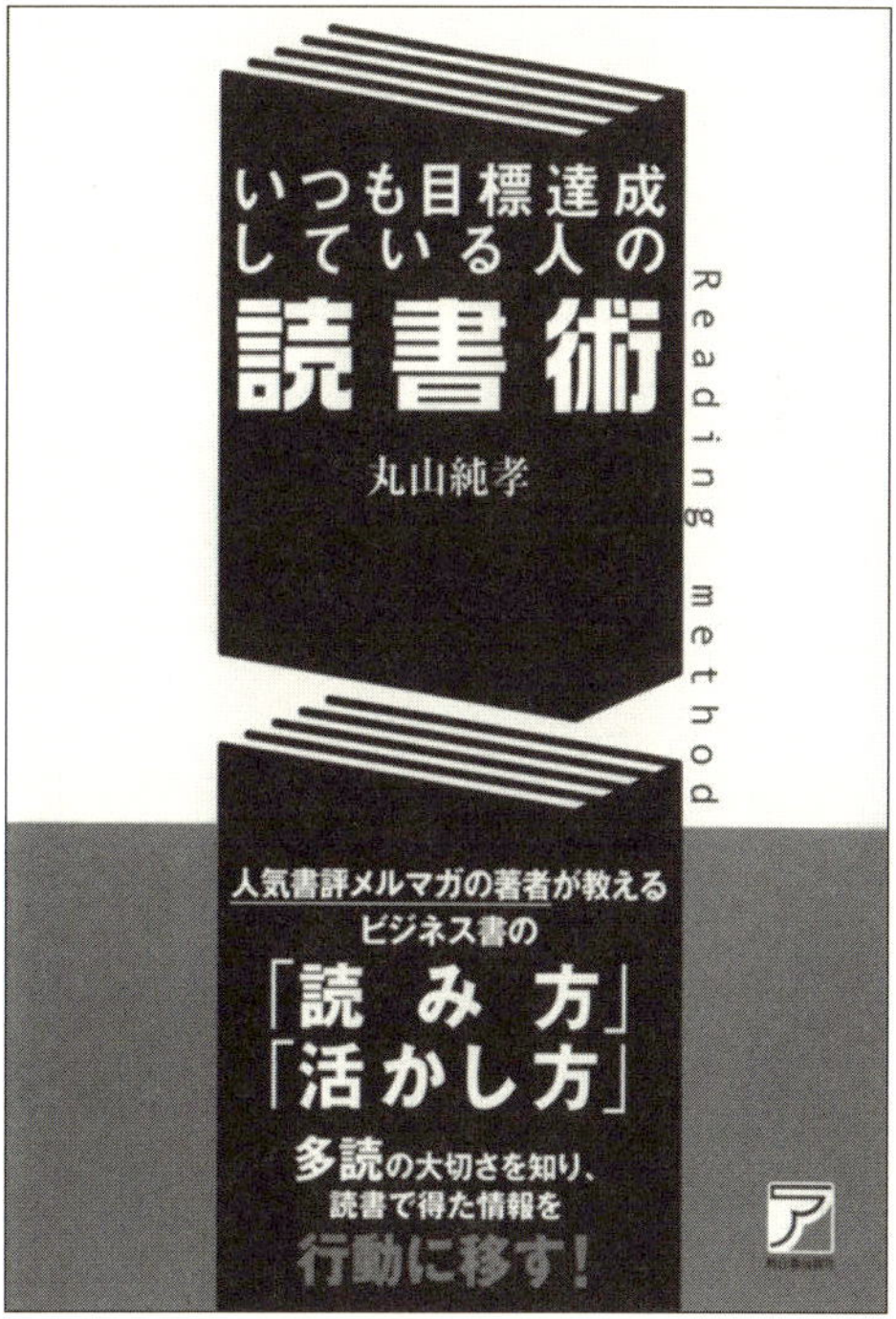

書評メルマガの著者が説く読書術。ビジネス書が次から次へと発行されているが、どのような本を読んでよいのか、どのように選べばよいのかがわからない。また、本を読んだだけで終わってしまい、結局、ビジネスに活かしきれていない。そんな方に、読書の方法をまとめた指南書。

定価（税込）1575円
B6並製　216ページ
ISBN4-7569-1225-1
2008/09発行

いつも目標達成している人のテレアポ術

富田　直人

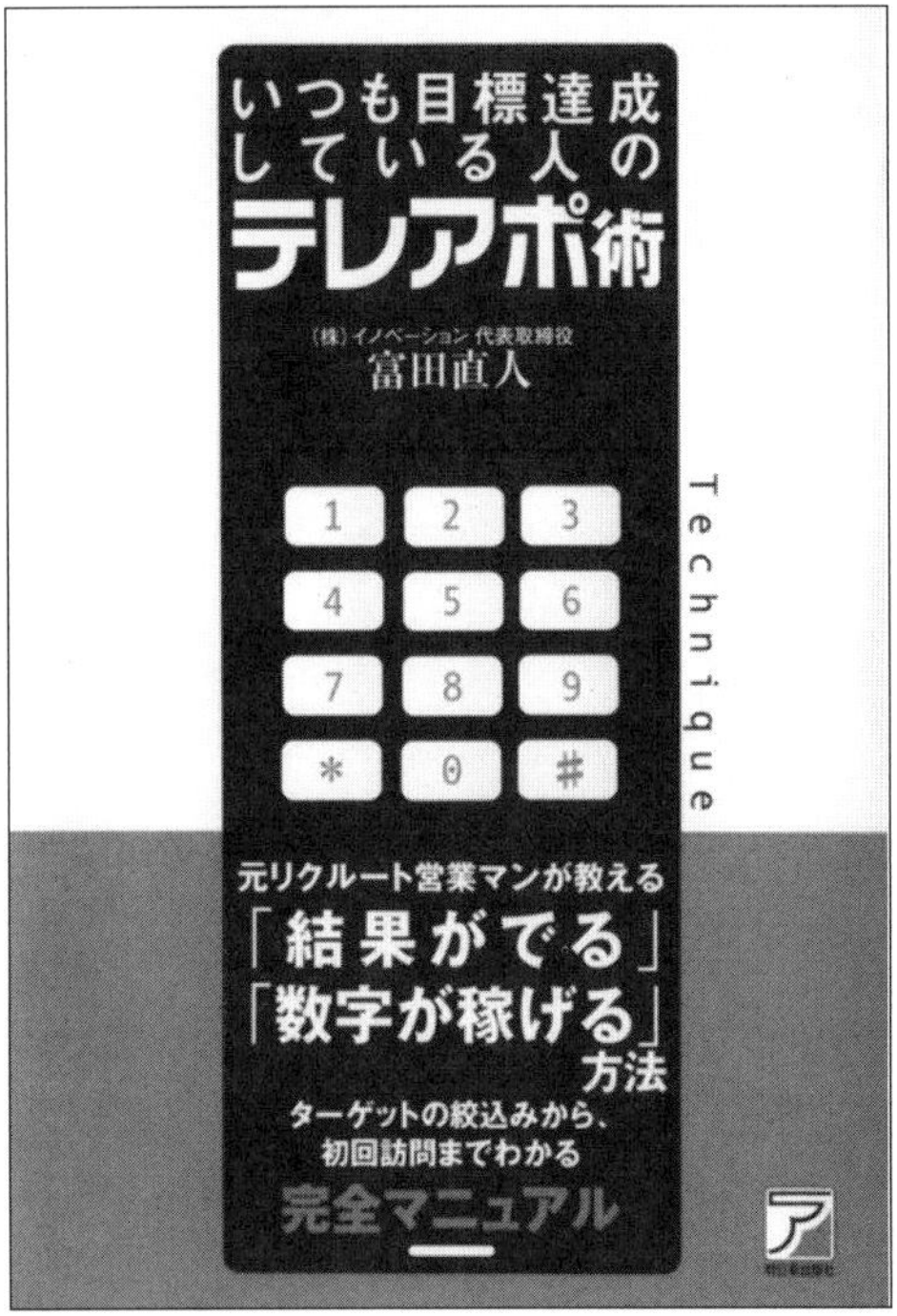

元リクルートの営業マンで、現在は営業支援会社の社長が教える、テレアポ術。アポさえ取れれば、営業を成功する自信があるのに……。そんな人のために、アポ取りがうまくいくための秘訣を公開。マーケティングの観点から見込み客の集め方を学び、話術による受付突破やクロージングの仕方などを学ぶ。

定価（税込）1575円
B6並製　232ページ
ISBN4-7569-1196-4
2008/05発行